サムライシリーズ

企業を支えるビジネスドクター

頼れる士業プロフェッショナル

弁護士／税理士
公認会計士
社会保険労務士

浪速社

「企業を支えるビジネスドクター」
―頼れる士業プロフェッショナル―

はじめに

ある弁護士先生の一言から今回の企画はスタートしました。

「私たちサムライ業の活動を身近に知って貰える機会が世の中には少ないと思うんです……」

一年ほど前の話です。そこから企画が走り出し、様々な先生方の意見も取り入れ、本年、経営者向けの士業紹介の本として世に送り出すことができました。

本書で紹介するのは企業経営のサポートに絶対の自信をもつ十八の事務所、二十三人の先生方です。共通しているのは豊富な知識と溢れるバイタリティ、そして気さくで優しい人柄です。

本書にご登場いただいた士業の先生方は、私たちの取材に対してどのような質問にも丁寧に率直に答えて頂き、分かりやすく解説をいただきました。

また、本書の取材を通してこれまで士業の先生方に持っていた堅苦しいイメージが崩れ去ったことが一番の驚きでした。「士業の先生方は、こんなにも気さくで、親しみやすい方たちだったんだ」と実感しました。

本書の狙いは三つあります。まず一つは読者が士業の先生方をより身近に感じて貰える一助になること。次に本書から先生方の人柄を感じ取っていただき、読者の皆さまにも私たちと同じ感動を味わっていただきたいということ。そして最後に会社経営のよきガイダンス書として実際の経営のお役に立てていただければということです。

本書が、素晴らしい士業プロフェッショナルとのよき出会いの一助になれば甚だ幸いです。

なお、本書の制作には、多くの皆様のお力添え、ご支援をいただきました。この場を借りて心から御礼申し上げます。ありがとうございました。

平成二十四年五月

ぎょうけい新聞社

目次

はじめに……1

弁護士編

アクシア法律事務所（名古屋市中区）――所長　弁護士　山田 亮治……10
企業法務のエキスパート
労使のトラブルを迅速・細やかに解決

岩﨑雅己法律事務所（大阪市北区）――所長　弁護士　岩﨑 雅己……20
豊富な知識と誠実・迅速に法的トラブルを解決
ひたすら依頼者の笑顔を願う頼れる行動派弁護士

昇陽法律事務所（大阪市北区）――弁護士 西村 隆志
弁護士 中弘 剛
弁護士 山岡 慎二……30
企業法務問題、債権回収などを迅速果敢に対応
土日祝日・夜間を含め究極のリーガルサービスを提供

森岡・山本・韓法律事務所（大阪市北区）―弁護士 韓 雅之（はん・まさゆき）……40
韓国渉外法務のスペシャリスト
日韓企業を強力にサポート

山田総合法律事務所（大阪市北区）――弁護士 山田 長正……50
労働問題のスペシャリスト
夢と希望を与える癒し系弁護士

ルート法律事務所（大阪市北区）――弁護士 坂本 勝也
弁護士 高山 智行

企業再生のエキスパート集団
再生への道筋（ルート）照らし企業をサポート
弁護士　松井 良太
弁護士　安達 友基子……60

税理士・公認会計士編

加藤英司税理士事務所／イーケートラスト株式会社（名古屋市名東区）
税理士らしくない税理士
あらゆる悩みをワンストップで解決
所長　税理士　加藤 英司……70

鈴江総合会計事務所（大阪市中央区）
中小企業のビジネスドクター
企業の発展・永続に力を尽くす
所長　税理士・公認会計士・中小企業診断士　鈴江　武……80

鈴木一正公認会計士税理士事務所／株式会社ファミリーオフィス（大阪府茨木市）
相続・事業承継のスペシャリスト
もてなしの心で高品質のサービスを提供
所長　公認会計士・税理士　鈴木　一正……90

埇田（そねだ）税理士事務所（奈良市学園北）所長　税理士　埇田（そねだ）弘之……100
中小企業の最強応援団
頼れる身近なビジネスドクター

宮﨑税理士・行政書士事務所（大阪市中央区）――所長　税理士　宮﨑　浩記……110
現場でたたき上げた税務調査対策のエキスパート
豊富な経験とノウハウで企業経営をサポート

よねづ税理士事務所（名古屋市緑区）――所長　税理士　米津　晋次……120
「税理士もサービス業である」をモットーに中小企業を全力支援！
ＭＱ会計、売り上げアップ塾などで経営全般を支援

社会保険労務士編

Ｉ・Ｃ・Ｅマネージメント（名古屋市緑区）――社会保険労務士　石嶋　琢巳……130
企業経営者の身近な頼れるパートナー
社会保険労務士の枠を超え多角的な企業支援を実践

太田経営労務研究所（名古屋市北区）――所長　特定社会保険労務士　太田　隆充……140
〝人づくり〟のスペシャリスト
企業の人事をトータルにサポート

オフィス西岡（大阪市阿倍野区）――所長　特定社会保険労務士　西岡　三也子……150
メンタルヘルス、障害年金のエキスパート
人事労務・社会保険面から企業を力強くサポート

川端経営労務事務所（大阪市中央区）――所長　社会保険労務士　川端　努……160
労務管理から事業承継まで経営全般をトータルサポート
中小企業経営者の身近な相談役

社会保険労務士法人　中小企業サポートセンター（大阪市住吉区）
所長　特定社会保険労務士　宮本　宗浩……170
独自のノウハウで中小企業をサポート
画期的な労務管理システム構築（残業代繰越精算）

富田労務管理事務所（大阪市大正区）――所長　特定社会保険労務士　富田　隆……180
企業に〝富〟を！ヒトのエキスパート
企業経営の健全な発展を強力にサポート

巻末資料……190
掲載事業所一覧……202
あとがき……204

企業経営を支えるビジネスドクター

頼れる士業プロフェッショナル

企業法務のエキスパート
労使のトラブルを迅速・細やかに解決

相談に来られた方には笑顔になって帰っていただきたいですね

アクシア法律事務所
所長　弁護士　**山田 亮治**

Close up Interview

企業経営を法的側面から支える弁護士。紛争の解決はもちろん、リスク管理にも不可欠な存在として社会的重責を担う。案件が幅広く、専門知識が問われるいわゆる企業法務と呼ばれるこの分野は経験が大きくものをいう。

愛知県名古屋市丸の内にオフィスを構えるアクシア法律事務所所長の山田亮治弁護士は、企業法務を中心に弁護活動を行い多忙な毎日を送っている。

関西大学社会学部在籍時、「自分の判断、自分の考えで動ける仕事がしたかった」と独立志向の強さから弁護士の道を志した。

平成十一年司法試験合格後、一年六ヶ月間の司法修習を終え、事務所勤務を経て平成十八年に独立。アクシア法律事務所を開設した。

「司法試験受験当時、選択科目で労働法を選択しました。この時得た知識が今の自分に繋がっているのは確かです」

法律事務所に勤務時代、その知識に自信を持っていた労働問題の案件を多く扱い、豊富な実務経験を積み上げてきた。独立したアクシア法律事務所は、山田所長がこれまで培ってきた経験と知識の集大成というわけだ。

企業側にたって労働問題を解決
訴訟が起こる前の未然防止が重要

山田所長は、現在様々な問題を取り扱っているが、「従業員の解雇や雇い止めに関する相談が多い」

という。そして、「従業員に対して解雇を伝えた後に、解雇無効の訴えを起こされてしまうと企業側としては厳しい争いになる」と語る。

『客観的で合理的な理由があり、社会通念上相当である』というのが、解雇が有効と認められるための要件だが、これまでの裁判例から見ても、条件を満たして解雇が妥当との判決はなかなか勝ち取れないのが現状だ。

「労使間の力関係を是正するため、労働法は労働者保護を目的とした体系になっています。労働者保護は当然のことですが、行き過ぎて不当な結論が導かれるケースも少なくありません。こうしたケースは、長い目で見れば労働者自身の首を絞めてしまうこともあるのです」

使用者にとって厳しすぎるといえる現状が山田所長自身、企業側にたった弁護活動にシフトした理由だと説明する。

「訴訟になると労働者側に有利な判決が下りるケースが多い上に、訴訟そのものが企業にとって手間と経費がかかり、経営の足かせになってしまいます。私の役割はこの場合に発生する会社のリスクや手間をできるだけ少なくすることです」

山田所長が最も重要だと訴えるのが紛争の未然防止である。「第一段階として企業に実践して欲しいのが労働環境の整備です」と切り出す。就業規則などを緻密に作成する事で、法令を遵守し、従業員、企業側双方が納得して働ける環境を整えていくべきだと訴える。

「製造業、飲食業、運送業など職種によって規則を作成するポイントが全く変わってきます。のちのち不満が出てこないためにも専門家に事前に相談して欲しい」

山田所長によれば、例えば運送業ならその特性上、給与体系をきちっと決めておかなければ経営が成り立たなくなる恐れがあるというのだ。

「長距離運転手などを一般の給与体系に当てはめると、時間外、深夜割増手当により1人の給料額

山田所長は「どんな些細な不安でも気軽に相談して欲しい」と呼びかける

が過剰に高くなってしまう。残業代をみこして基本給設定するなどし、適正な給与体系を作らなければならない」

こうした企業にとって不利益になる事態を避けるためにも就業規則は専門の弁護士や社会保険労士に相談し、適切なものを作っておくべきだと山田所長は強調する。

今後クローズアップされる残業代請求 頭をフル回転させ交渉を有利に運ぶ

「第二段階は、裁判所を介さない当事者同士の交渉です。ここで争いを解決し、訴訟問題に発展させないようにするのが自分の役割であり腕の見せ所だと思っています」と山田所長。

労働者側からの解雇無効に基づく損害賠償

多忙な中でいっとき、心を落ち着かせる事務所の石庭

請求や、近年クローズアップされている残業代請求の相談が相次ぐ中、企業側の代表として受けて立つ山田所長は、双方納得する形での和解に向けた交渉に尽力する。

「裁判でも交渉でも一緒ですが、こちらの主張が正当であるという材料や証拠を出来る限り準備した上で交渉の場に立つ事が重要です」

山田所長は、事案の内容、証拠、法令、過去の裁判例等を十分に調査したうえで、落とし所を見極めることがポイントになると指摘する。

「経験がないとうまく出来ないし、あとは相手との駆け引きとなります。労働組合との交渉などは相手が敵対心をむき出しでくる場合もあり、中々一筋縄ではいきません」

こうした労務に関わる係争では、困難を覚悟の上で交渉の場に臨むというわけだ。

「最終地点は相手との折り合いの付け所。どのようにして、落としどころにもっていくか」を、頭で常にフル回転させる。

「厳しいことを言ったり、時には相手をほめたり、理解を示すなど、相手の対応や声の雰囲気を探りながら出方を変えていく。お互いの利害が対立し、言い分を主張し合う交渉では相手の立場を理解しようという気持ちを持つ事が大切なのです」

「まずは相手の主張をきっちり受け止め、心を開かせる所から始めないといけない。説得や駆け引きはそこからです」と交渉術の一端を披露する。

「裁判の場合には、裁判官を書面と証拠でどう説得させるかが勝負となります。万全な準備を整えていかないといけない」という山田所長は、「裁判所や相手方から何か反論されて詰まっているようではだめ。反論などをある程度想定し、応えられる準備をしておけば、事が上手く運びやすくなる」と続ける。

こうした相手とのやりとりを経て、自分の思い通りの判決や結論を引っ張り出すところに、弁護士という仕事の醍醐味をみつける。山田所長の仕事に対するモチベーションになっているのが正にこの部分だ。

相手からの感謝がやりがいを生む　バランス感覚を大事に事件と向き合う

弁護士になって十年。これまで労働問題を中心に様々な事件を解決に導いてきた山田所長。今後もこれまでと同じスタイルで弁護士道を貫いていきたいという。

そして、「弁護士という仕事は一にも二にも説得力が問われます。争いの渦中で一方の当事者になる訳ですが、怒っている相手をなだめ説得する能力が求められます。敵対していた相手を説得し、逆に感謝される時は、弁護士になって本当によかったと思う瞬間です。最もやりがいを感じられる場面ですね」と目を細める。山田所長の弁護スタイルとして、クライアントからの要求を全て代弁するということは決してしないそうだ。

「場合によっては結果的に悪い行為の手助けをしてしまう事もあるのが弁護士という職業です。それ

優秀なスタッフと共に強力にクライアントをサポートするアクシア法律事務所

だけに自分の中にある善悪の基準や正義感に従いたい」という山田所長だ。

一般的なバランス感覚が求められる場面では、「どうしても勝って欲しいという依頼があっても、後で遺恨を残すことにならない程度に控え目な処理をしようと進言する事もあります」とも。

事件の内容や、事件の筋を見極め、落とし所や攻め方、さらには勝つべき事件なのか、負ける場合にはどのような和解に導くか、ということまでを考慮に入れながら事件処理を行っていくのが山田所長のスタイルだ。

「バランス感覚を考えながら事件と向き合っていくようにしていますが、特に企業側労働事件は一般の事件とは異なる特殊なバランス感覚、大局的な視点が必要となります」と語る。事案によっては労働者保護に偏りすぎてしまう傾向に一石を投じようと、企業側に立って日々の弁護士業に邁進しているのだ。

些細な不安でもすぐに弁護士に相談を
規模の大きい企業は特に注意が必要

現在多数の企業の顧問を受け持ち、経営をサポートしているがその内容は多岐に渡り、労働訴訟、労働審判、労働基準監督署・労働組合対応、労災事故という労働問題を始め、事業継承、M＆A。さらに契約書の作成・チェック、売掛金の管理・回収、知的財産権の管理、会社の機関設計、コンプライアンスなどの法務コンサルタントや会社関係の訴訟などを扱う。

「少しでも不安を感じることがあれば是非相談に来てほしい。どんな些細な不安でも結構です。労働問題の場合、ことが起こる前の段階で火種を消してしまうことがとても大事になってきます。法令を遵守し、予防法務をしっかり行うことでリスクを回避し、企業の発展に繋げていかなければなりません」

企業側は早期の段階で弁護士に相談し、問題が顕在化しないような対応を行うべきだと山田所長は言い、「企業規模が大きくなればなるほど予防を徹底して欲しい。そこに若干の損や手間があっても後々のリスクを考えれば大きな価値のあることです」というわけだ。

「小さなベンチャー企業などは社長の目が行き届いています。同じモチベーションを持ち、同じ方向を向いている分、夜中まで働こうが、皆が納得の上なので問題が表面化しにくい。しかし、労使関係はどうしても利害が対立する構造にあります。会社が成長して従業員の数が三十人を超えてくるとそういう訳にもいかなくなります」

山田所長は、企業の成長に応じたコンプライアンスの必要性を語る。

優秀なスタッフと共にクライアントをサポート どこにも負けない事件処理を実践

平成十八年の事務所開設から現在七年目を迎える。事務スタッフ三人に、昨年十二月に新たな弁護士をパートナーに加えて五人体制となった。

「今頑張ってくれているスタッフはみんなとても優秀で頼りになる存在です」と山田所長。

さらに「依頼者の方から他の事務所に頼めば良かったと言われないよう、納得のいく形で事件を解決していくことが理想です。事件処理に関しては他のどこの事務所にも負けないようにしたい」と力を込める。

事務所の名前である『アクシア』は、ギリシャ語で〝価値のある〟という意味だとか。

「〝価値のある事件処理をします〟という意味が込められています。名前に負けないように今後も精一杯頑張っていきたい」

穏やかな笑みを浮かべる山田所長は現在三十六歳。休日には家族との団欒。それに好きなサッカー、ゴルフを楽しんで心身をリフレッシュする。

「相談に来られた方には笑顔になって帰っていただきたいですね。常々言っているのはイライラする気持ちを抑え、気持ちを切り替えて、今後笑って過ごせるにはどうしたらいいかを考えていきましょうということです」

「弁護士として解決策を提案するのはもちろんですが、後ろ向きの気持ちを前に向かせてあげられるように、相談にこられる方の気持ちを楽にしてあげる事務所でありたい」という山田所長。

最後に「人は笑う事が大事。笑顔は周りも自身も明るくポジティブな気持ちにしてくれます」と笑顔の効用を語ってくれた。

誠実さと気さくさを併せ持ち、笑顔を絶やさない。良い意味で弁護士らしくない、周りを和ませる人柄がとても印象的だった。

PROFILE

山田 亮治（やまだ・りょうじ）

昭和50年8月26日生まれ。愛知県出身。平成10年関西大学社会学部卒業。平成11年司法試験合格。平成12年司法研修所入所（第54期）。事務所勤務を経て平成18年アクシア法律事務所開設。

< 信条 >

お客様にとって常に身近で相談しやすい弁護士であること。若さとフットワークを活かして業務に邁進します。

< 所属団体 >

愛知県弁護士会司法修習委員会、弁護士業務改革委員会、広報委員会、
役員有償化検討特別委員会。
名古屋Ｍ＆Ａパートナーズ。ＡＳＮ（アイチ士業ネットワーク）。名古屋スポーツ法研究会。名古屋消費者信用問題研究会事務局。

INFORMATION

アクシア法律事務所

所在地　〒460－0002　愛知県名古屋市中区丸の内3－20－2
第17KTビル801号
TEL　052－955－3151　　FAX　052－955－3152
E-mail　ryoji@jupiter.ocn.ne.jp
URL　**http://axia-law.jp/**

アクセス　●地下鉄：桜通線「久屋大通」駅
西①番出口徒歩2分

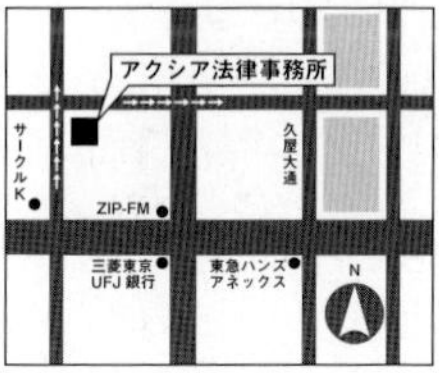

設立　平成18年4月

営業時間　平日　午前9時30分－午後6時
休業　土・日・祝日

業務方針　アクシア法律事務所は①税理士、社会保険労務士、司法書士などあらゆる士業との深いネットワーク②警察、官公庁などとの連携③他の弁護士との連携（名古屋Ｍ＆Ａパートナーズなど）により、スピーディかつ依頼者の企業にとってきめ細やかな事件処理を心掛けます。

重点取扱分野
①　労働法関係（人事、労務問題）
②　事業承継・Ｍ＆Ａ
③　企業法務（法務コンサルタント）・会社関係訴訟

豊富な知識と誠実・迅速に法的トラブルを解決
ひたすら依頼者の笑顔を願う頼れる行動派弁護士

依頼者からの〝ありがとう〟が何よりの報酬です

岩﨑雅己法律事務所
所長　弁護士　岩﨑 雅己

Close up Interview

依頼者からの〝ありがとう〟が何よりの報酬
常に状況に応じた最適な対処法を模索して提案

弁護士の数の増加や広告の規制緩和の影響などから、弁護士業界は今大きな変革期を迎えつつある。この変革の波は、一昔前に先生商売といわれた弁護士業をサービス業へ移行させつつあるといえる。こうした時代風潮の中にあって、「どんな人でも気軽に相談してほしい」と、敷居の低い気軽さを徹底した身近な弁護士事務所が岩﨑雅己法律事務所である。大阪市北区のビジネス街、西天満に事務所を構え、さまざまな問題を抱える関西地域の法人や個人をしっかりと支えている。

「とにかく依頼者の方が笑顔になれる解決を目指しています」と切り出す所長の岩﨑雅己弁護士。「社会と関わる仕事に興味を持ちました」と法曹の道を志して関西大学法学部に入学。昭和六十二年に司法試験に合格した岩﨑所長は、「司法修習生時代に弁護士の道を歩むことを決意しました」と当時を振り返る。

最初は裁判官を目指していた岩﨑所長だったが、「困っている人を直接助けてあげられる職業として弁護士に惹かれました」と方向転換の動機を語る。平成二年に弁護士登録を行ない、五年間弁護士事務所に勤務して実務経験を積み、平成七年に独立して岩﨑雅己法律事務所を開設した。事務所は地下鉄谷町線南森町駅から徒歩数分のオフィス街に佇むビルの四階にある。受付を抜けた先の応接室は静かで窓からの見晴らしが素晴らしく、全体に落ち着いた雰囲気だ。依頼者が相談するには最適な環境といえる。

「弁護士として仕事をする以上は、依頼者の利益をまず第一に考えます。これから着手しようとする事が、果たして社会正義に叶うのかどうかも真剣に検討します」という岩﨑所長。

さらに相手方との交渉事には「常に真摯で誠実な対応を心がけています。変な駆け引きをして後々依頼者の利益が害されるのは好みません」と言い切る。

岩崎雅己法律事務所に寄せられる相談内容は実に多岐にわたる。企業からは、債権回収、損害賠償から配転、解雇や給与支払いといった雇用問題。また破産、民事再生申立てなどの倒産案件といった具合に企業案件全般におよんでいる。とくに企業法務では、契約書の作成やチェック、契約の締結、契約に関する示談交渉、健全な企業経営を実践するためのコンプライアンス（法令尊守）。さらにM＆Aの交渉や事業承継などを手掛けている。

「依頼先の企業に対しては常に状況に即した最適な方法を模索し提案しています」と語る岩崎所長だが、特に最近多いのが債権回収の相談だという。これについて岩崎所長は、「内容証明の作成や示談交渉など色んな手法を駆使して解決に当たりますが、どうしても双方に合意が得られなければ訴訟提起を行います」とのことだ。

一方、債務者側からの依頼案件に対しても、あらゆる手を尽くして懸命に解決への努力を惜しまない。一九九〇年以降のバブル崩壊後には、銀行が不良債権と評価した多くの債権が流動化し、〝筋の良くない悪徳な譲受人〟などに回って、債務者や連帯保証人が厳しい取立てを受けるケースが目立った。

「当時、連帯保証人になった方から助けを求める相談が多く寄せられました」と岩崎所長は当時を振り返る。そこで岩崎所長は、連帯保証人の代理人として、いわゆる〝好ましくない債権譲受人〟などとの折衝を幾度となく行い、粘り強い示談交渉を繰り返して一つひとつの案件を解決に導いてきた実績を持つ。

「交渉が上手くいってその結果を依頼者に報告したときに、『ありがとう』と言っていただく瞬間が、弁護士という仕事の醍醐味です」と岩崎所長は噛み締めるように語る。

損害賠償の案件においても、実にさまざまなケースがあるが、それぞれの案件について専門家の立場から地道に、緻密に、親身に対応する。

製造物責任や、業務上の事故、横領や背任事件といった企業のトラブルや不祥事などは、直接

企業の監査役や医薬の倫理審査委員会などでも活躍している

関係した従業員のほかにも、その上司や管理職、役員の責任を問われるケースがある。企業の社会的責任も含めて、会社にとってのダメージ、リスクは大きい。

これに対しても岩﨑所長は、「トラブルを未然に防ぐことがまず第一なのですが、不幸にしてこうした事態が発生したならば、法的に可能な限り考えられる適切な対応を迅速にアドバイスしていきます」と力強く実直に語る。

法律に関心を持ってトラブルの未然防止に努めて欲しい 会社に法務部の設置を。まず弁護士に相談して欲しい

弁護士になって二十二年。「常に目の前にある事件に真摯に向き合い、その解決に全力投球で立ち向かっています」という岩﨑所長のスタンスは、今も昔も変わらない。

硬骨漢ともいえるブレのない岩﨑所長の法

曹人としてのスタンスは、多くの依頼者から絶大な信頼と高い評価を集めてきた。

長年の豊富な実績のうえで岩崎所長は、「長年にわたって企業活動を続けていくには、どうしても法的なトラブルに遭遇することが避けられないと思います。そのために日頃から法律について関心を持ち、基本的な知識を身に付けておくことが大切です」とアドバイスする。

「といっても、事業家や企業の総務担当者などに、忙しい合間を縫って法律の勉強をしなさい、という訳ではありません」という。「ただ、色々な場面で契約を結ぶ時に、『この契約内容は、法的に問題は無いのかな』と一拍おいて考えるという姿勢を常に持って欲しい」と訴える。そうすることで後々のリスクを回避できる可能性が非常に高くなるというのだ。

「こうした意識を普段から持っていれば、何か気になることがあれば、弁護士に相談してみようということになるのです」というわけだ。企業経営をしていく上で、法律は切っても切れないものであり、常に法的なトラブルと隣り合わせにあるのだ。

特許の侵害などの知的財産をめぐる問題、ものづくりにかかわるPL法（製造物責任法）や安全衛生、環境・リサイクル。財務、経理、株式、商取引、不動産から人事・労務問題、事業承継と、企業経営は法律の運用そのものだともいえる。

「こうした現実にもかかわらず、社内に法務部を設けている企業はまだまだ少ないのが現状です」と岩崎所長はなげく。中小企業経営では、ほとんどの会社が経営者自ら、あるいは総務部が他の業務とともに法務の問題に対応している状態だ。

「経営者が自分で分かる範囲で対応したり、ネットで調べて安易に対処しようとするケースが多い。法律の専門家ではありませんから、大切な点を見落としたり、法的な不備がそのまま放置されて、さまざまなトラブルに見舞われる危険性があります」と警鐘を鳴らす。場合によっては違法性が指摘され、マスコミ報道などにより社会的信用を損なって、経営に大きなダメージを招く結果となりかねない。

「リスクを避けるためにも、いつでも身近に相談できる弁護士とネットワークを取るなどの対策を急いで欲しい」と岩﨑所長は訴える。

臨床心理士との連携で心のケアを実践 悩みがあればすぐに弁護士に相談を

個人の相談内容では、離婚や子供の認知養育、相続、自己破産や債務整理の問題が多いという。

「とくに離婚問題で相談に来られる人は、DV（家庭内暴力）を受けて心に傷を負っているケースが多いようです」

岩﨑所長はそんな依頼者の心のケアにも力を入れており、臨床心理士との連携で相談にあたっている。「法律的な部分は私が聞いて、精神的な部分のフォローをお願いしています。パワーハラスメントでうつになった人に対しても、臨床心理士の先生と連携を図って対応しています」

急ピッチで進行する高齢化社会を反映して、高齢者に関する相談も増えている。岩﨑所長は後見の中立てや、家庭裁判所から後見人や後見監督人に選任されて必要な業務を遂行している。

「企業経営者に対しては、法律に関心を持って欲しいと良く言いますが、個人の法律相談でこられた人にも同じです。法律的な事で少しでも悩みやトラブルを抱えたら、すぐに相談して欲しい」

常に状況に即した最適な方法を模索し提案する岩﨑雅己法律事務所

と訴える。現実的には紹介による相談者が多いが、「弁護士だからと気を使うことはありません。飛び込みの相談でも大いに歓迎です。問題解決に向けたお手伝いができるのです」

〝まず相談を〟と呼びかける岩崎所長だが、一般の人にとって弁護士がもっと身近な存在になればと常に願っている。「弁護士会が主催する法律相談センターを利用するのもお勧めです」という岩崎所長だが、この法律相談センターでは分野別に専門の弁護士が相談を担当している。

基本的に相談料は三十分、五千二百五十円ということだが、「高齢者や障害者に関する相談、消費者被害や多重債務であれば無料になることもあります。また、経済状態によっては、法テラスで弁護士費用の立替えを受ける方法もあります」とのことだ。

岩崎所長自身も依頼があれば相談担当者として出向く事もあるという。「弁護士業界全体が敷居の低いものになれば、潜在的に悩みをもつ多くの方々のお役に立てることができる」

企業の監査役や医薬の倫理審査委員会などでも活躍
第三者委員会に属して適切な年金受給実現をサポート

岩崎所長は上場企業の社外監査役に就任した経験がある。「取締役会において、企業経営に関する色々な事項を討議する際には、法律的な観点から意見を述べたりアドバイスを行なったりしました」と弁護士としての役割を説明する。また、事務所固有の業務だけでなく、法律の専門家として多方面で活躍している。例えば、医薬品会社の倫理審査委員会メンバーでもある。

「これは文部科学省が策定したガイドラインに沿って設けられた組織です。医薬品メーカーで行

ノーマライゼーション社会を目指すＡＳＳＣ活動も意欲的
多方面で活躍する岩﨑所長の原点は「人が好き」

地域社会の貢献活動にも意欲的な岩﨑所長

う研究が、生命倫理に反していないかどうかを判断しています」

この倫理審査委員会では、生物学、医学、法律に関する専門家を交えて医薬品開発に携わる人たちが意見を交換し、生命倫理に則った結論を導き出すという仕組みになっている。

岩﨑所長は年金記録を確認する第三者委員会にも属している。社会保険労務士、税理士など各分野の専門家と共に、年金の適切な受給実現のためのサポートを行っている。こうした活動に加えて、今最も力を入れているのが特定非営利活動法人アダプテッドスポーツ・サポートセンター（ＡＳＳＣ）の活動だ。岩﨑所長がＪＣ（日本青年会議所）の会員だった頃に出会った障害者スポーツ推進メンバーとの交流がきっかけで、ＡＳＳＣ活動に参画するようになった。

ＡＳＳＣは、障害者と健常者が一緒になってできる風船バレーボール大会を毎年秋に開催するなどの事業を行っている。「風船バレーボールは障害がある人もない人も関係なく、一緒に楽しむことができます。ルールさえしっかり設定すればみんなで助け合いながら行なうことができ、しかも競技性があるという理想的なスポーツになります」

差別や偏見を無くしたいと願う岩崎所長は、「このスポーツ普及を通じて、すべての人々が幸せを感じられる社会の実現に繋げていきたい」と目を輝かせる。

弁護士活動をはじめ、企業や地域社会でのさまざまな貢献活動を精力的に行う岩崎所長の原点は『人が好き』という言葉に尽きる。

「どんなことでも、一人でやるよりみんなで楽しくワイワイやるのが自分の性に合っている」という岩崎所長の事務所には、弁護士が岩崎さん一人しかいない。

「今後は何人かの複数の弁護士と一緒に、色々な仕事を共同で行っていきたいですね」と抱負を語る岩崎所長。人情味あふれる誠実な人柄とともに八面六臂の活躍に大きな期待と信頼が寄せられている。

PROFILE

岩﨑 雅己（いわさき・まさみ）

昭和 34 年 7 月 12 日生まれ。大阪府出身。昭和 53 年大阪府立三島高等学校卒業。昭和 58 年関西大学法学部卒業。平成 2 年弁護士会登録。勤務弁護士を経て平成 7 年岩﨑雅己法律事務所開設。
大阪弁護士会会員。特定非営利活動法人アダプテッドスポーツ・サポートセンター監事。社団法人大阪青年会議所特別会員。

INFORMATION

岩﨑雅己法律事務所

所在地 〒 530 ― 0047　大阪府大阪市北区西天満 5-9-3
アールビル本館 4 階
TEL　06 ― 6365 ― 7175　　FAX　06 ― 6365 ― 7165
E-mail　otoiawase@iwasaki-law.jp
URL　**http://www.iwasaki-law.jp/**

アクセス
●地下鉄谷町線・堺筋線「南森町駅」①番出口を国道①号線沿いに西向きに徒歩 5 分。西天満東交差点北西角のビル。
●車の場合：国道①号線西天満交差点東北角、阪神高速「北浜」インターより 2 分。

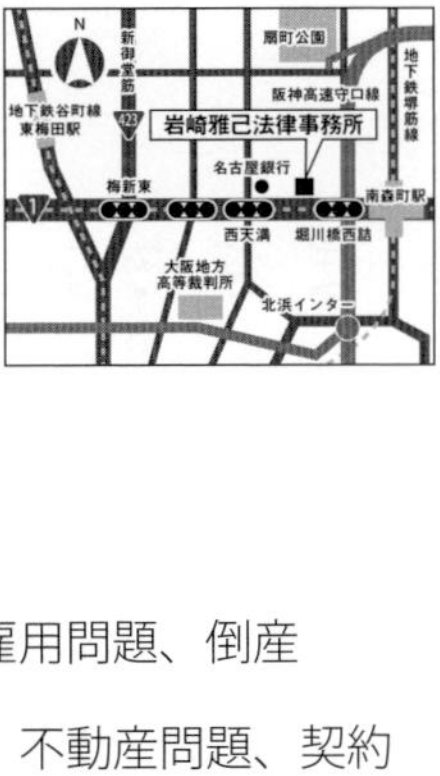

設　立 平成 7 年

営業時間 平日　午前 10 時ー午後 5 時

業務方針
<法人向け法律相談>
●債権回収、損害賠償、企業法務、雇用問題、倒産
<個人向け法律相談>
●借金・債務、家庭問題、相続問題、不動産問題、契約
□ネットワークサービス
●社会環境の複雑化に伴い、法務・税務の取り扱いは複雑化を極めています。
公認会計士、税務税理士、司法書士、社会保険労務士、土地家屋調査士、一級建築士、カウンセラー等の専門家ネットワークにより、複雑なトラブルを抱えたお客様をワンストップサービスで解決いたします。

企業法務問題、債権回収などを迅速果敢に対応
土日祝日・夜間を含め究極のリーガルサービスを提供

さまざまな法的ニーズに対応した新しいリーガルサービスを提供する左から山岡、西村、中弘の各弁護士

昇陽法律事務所　弁護士　西村 隆志
弁護士　中弘 剛
弁護士　山岡 慎二

Close up Interview

人と人、企業と企業の間で起こる様々な紛争を解決に導く弁護士。絶える事なく舞い込む多種多様な依頼や相談に、弁護士達は日々真摯に向き合い、親身に対応している。

今、司法試験制度の改変や広告規制の緩和などでこれらの弁護士活動は大きな変革期を迎えている。新聞やテレビ、ラジオなどのメディアへの露出が高まり、法律事務所の業務や弁護士の存在をより身近に感じるようになった。

こうした時代風潮の中で、「法律事務所はもっと敷居の低いところだと認識していただき、多くの方々が気軽に相談に来てほしいですね」と訴えるのは大阪市北区にある昇陽法律事務所の西村、中弘、山岡の三弁護士だ。

西村弁護士は昭和五十三年生まれの三十三歳。同志社大学法科大学院を修了後、平成十八年に司法試験合格、法律事務所勤務で実務経験を積み上げて平成二十三年一月に、「弁護士としての理念や考え方がお互いに一緒だった」という中弘剛弁護士と共に独立した。

一方の中弘剛弁護士は昭和五十六年生まれの三十歳。同志社大学法科大学院修了後、西村弁護士と同時期に司法試験に合格。大阪、徳島の弁護士事務所で勤務した。「法科大学院でとくに専門的に勉強してきた企業の倒産、整理などの事案にも迅速に対応したい」と、西村弁護士と共に事務所を開設した。

さらに山岡弁護士は、昭和五十七年生まれの二十九歳。同志社大学法科大学院では知的財産法など企業取引法を専門に勉強してきた。特許権・著作権・商標権などの知的財産に関する相談案件が増えているという昇陽法律事務所に、平成二十四年から入所した。

貸借、取引などの契約には必ず書面を交わす事が大切 債権回収は何よりスピーディな対応が求められる

事務所を開設して二年目と新しいが、連日多くの事案を手がけて多忙な毎日が続く。個人や企業からの寄せられる相談案件は極めて幅広く多岐にわたる。企業法務に関するものでは債権回収や労働問題、倒産などの案件が多いという。とくにデフレ不況を反映して債権回収の相談は多い。

西村弁護士は「債権回収はスピードが大切です。一歩先を読んで素早い処理を行う事で債権の回収効率は高くなる」と迅速な対応を強調する。また山岡弁護士は、「債権は目には見えません。第三者にはほとんど実態が把握できないということを理解しなければなりません」と説明する。

それだけに「商品の売買やお金の貸し借りなど、債権債務の約束をする際には当事者同士の間で、きちんと契約書や確認書を交わしておく事が重要なのです」と指摘する。

さらに西村弁護士は、訴訟など紛争に発展した場合には、契約書の質や有無が正当な債権として認められるかどうかの重要なポイントになるという。「とくに大きな取引であれば、後々のリスクを回避するためにも、出来るだけ弁護士を介して契約書を交わして欲しい」と勧める。

当事者同士の話し合いが付かず、債務者に支払う意思がないとなれば債権の回収はできない。したがって訴訟ということで裁定を裁判所に持ち込まれることになる。

しかし中弘弁護士は、「例え裁判で勝訴し、強制執行という形になっても、その時点で相手方に財産がなければ債権を回収することはできません」と執行時の問題を指摘する。

「ケースによっては、予め担保を取っていなくても、優先債権が認められる場合もあります。また、訴訟の前に相手の財産を保全する方法もあります」と西村弁護士は補足する。

「したがって債権回収には、出来るだけ早く弁護士に相談を！」と早期対応を強調してやまない。

「債権回収はスピードが大切」と語る西村隆志弁護士

破綻した企業にとってメリット大きい民事再生適切な倒産手続きでしこりを残さない後始末を

西村弁護士はまた、債権回収の相談の裏側には、多くの場合倒産という問題がついて回ると指摘する。企業倒産への対応についての知識が大切だという。

資金繰りが難しくなり、事業の継続が不可能になれば会社は清算しなければならない。破産ならば裁判所が破産管財人を選任し、その破産管財人が財産を処分して、最終的にその企業は消滅する。

これに対して民事再生というのがある。西村弁護士は、「自分の会社が破産せざるを得なくなりそうな場合、その事業者が債権者の多数の同意及び裁判所の認可を受けた再生計画を定めることで、事業をやり直すことができます」という。民事再生とは、債務を減縮したり、リスケジュールを行ったりして自主再建を図る手続のことである。

「民事再生では、経営再建する場合に事業内容を詳細に把握しているこれまでの経営陣が経営権

「経営者が従業員を大切にしている企業は発展する」と人材育成の重要性を強調する中弘剛弁護士

を維持出来るため、会社が消失する破産と違って将来に可能性を見出すことができる」と中弘弁護士が説明する。

さらに「企業としてこれまで培ってきた知的財産や、さまざまなノウハウを活かしながら事業を継続出来る点で、従業員をはじめ会社にとってのメリットは大きい」と山岡弁護士は語る。

ひとたび倒産の危機に瀕すれば、色んな選択肢を前に、機敏な対応が迫られる。西村弁護士は「いずれにしても、きちんと結末を付けなければ、後々しこりを残すことになります」と注意を促す。

労務管理は〝持続可能な経営の要〟といえ、「どんな些細な労務問題でもまずは相談を」という西村弁護士。そんな労働問題の案件は近年増加傾向にある。中弘弁護士は「経営者が従業員を大切にし、人材育成に力を入れている企業は発展に繋がっていきます」と語る。

こうした労務管理が徹底して行なわれることによって、働く従業員のモチベーションは向上し、作業環境は改善され、会社のモラルと業績の向上に繋がるというのだ。

労務管理は〝持続可能な企業経営の要〟
どんな些細なことでも気になる労務問題はまず相談を

「労務管理は〝持続可能な企業経営の要〟といえます。積極的に取り組んで欲しい分野です。どんな些細な労務問題でも、気になる事があれば気軽に相談に来て欲しい」と中弘弁護士は呼びかける。

人事労務の問題では、残業などの労働時間や解雇に関する相談も増えているという。「いつからいつまでが労働時間なのか、その判断が難しい場面がある。業務日報の記載と、実際に行っている業務に食い違いが生じる場合など、労働時間を巡って係争に発展するケースもある」とは西村弁護士の弁だ。

就業規則の改訂についての相談も急速に増えてきているという。西村弁護士は「労働時間についての取り決めを明文化し、きちんとした給与体系に基づく就業規則を作成したり、改訂することによって、労務問題のトラブルや労働紛争の未然防止に繋がっていくのです」と語る。

また、従業員からの訴えが多い解雇に関するトラブルも最近急増しているという。経営側にとって非常にリスキーな問題である。

解雇について山岡弁護士は、「使用者から従業員に対して一方的に労働関係の解消を通告するものです。解雇された従業員は途端に収入の道が閉ざされ、生活に困窮してしまいます」とその重みを語る。このため日本の法律では、従業員の生活を守るという立場を重視し、解雇が有効と認められる為の条件を厳しく設けているのだ。西村弁護士も、「従業員を何らかの理由で解雇したいと思ってもすぐに決断し実行するのではなく、事前に必ず相談に来て欲しい」と訴える。

色んな問題を抱えた人が、気軽に相談できる法律事務所を目指し、弁護士業をサービス業に昇華させた〝最高のもてなし〟を実践する昇陽法律事務所。

法律問題に悩む人々が、気軽に足を運んで相談に来ることができる法律事務所を目指す西村、中弘、山岡の三弁護士だが、「そのためには、依頼者が敷居の高さを感じさせない環境づくりが先決だと思います。私たちも、常々心がけているのですが」と西村弁護士。

色んな問題を抱えた人が気軽に相談出来る法律事務所
弁護士業をサービス業に昇華した〝最高のおもてなし〟

昇陽法律事務所は、初回の相談料を一時間無料にしている。そして「弁護士に相談したくても仕事があってなかなか時間が取れない人のために、休日や夜間も対応しています」と中弘弁護士は依頼者本意の体勢をアピールする。

土、日曜、祝日でも顧客のニーズに応えて相談を受け付けている

事前の予約は必要だが、昇陽法律事務所では、土・日曜、祝日でも相談を受け付けている。依頼者にとっては大変メリットのあるシフトだ。

「弁護士やスタッフの数を増やして対応していきます。近い将来には三百六十五日、年中無休の体制に持って行きたいと考えています」と胸を張る西村弁護士。

弁護士費用の負担を少しでも軽減できるよう、依頼費の分割払いや日本司法支援センター（法テラス）の法律扶助制度を活用した費用の負担軽減も実施している。

「とくに法律扶助制度は、制度自体の認知度が低く知らない方も多いので、こちらから積極的に提案するようにしています」と中弘弁護士。

このように、身近に色んなサービスを相談者に提供する事で「従来からある弁護士のとっつきにくいイメージを覆していきたい」と西村弁護士は、弁護士業をサービス業に昇華させた、〝最高のもてなし〟をスタッフ全員がこころがけるように指導している。

こうした想いは事務所のそこかしこに見て取れる。事務所に置く観葉植物や花などのインテリアにもこだわりを見せ、室内は明るく広々とした空間を演出している。開放的で落ち着いた雰囲気は、事務所に訪れる相談者に安心感を与える。

「私たちの取り組みや事務所の雰囲気を感じて頂き、お客様が実際に来て良かったと思って頂けるような究極のサービスを提供していきたい」と熱っぽく語る西村弁護士。『ザ・リッツカールトンホテル』のクレド（信条）である〝――お客様が言葉にされない願望やニーズをも先読みしておこたえするサービスの心〟を常に意識し実践しているとのことだ。

「相談に行くかどうか迷い、結局行かずに問題をうやむやに放置したままという方が、潜在的に多くいるのではないかと思います。法律事務所のドアの前で逡巡する人が、気軽にドアを開けて入ってこられるような事務所が理想です」とは西村弁護士の弁だ。

トラブルになる前の機敏な対応で経営をサポート 幅広い士業ネットワークでワンストップサービスを展開

昇陽法律事務所では現在多くの企業の顧問をしている。西村弁護士の説明では、製造業、商社から建設、土木、運輸、医療法人、介護・ヘルパー、学校関係、税理士法人、不動産、ＩＴ・広告業とその業種は実に多岐にわたっている。

共通して言えることは、とにかく早めに相談して欲しいということだ。「トラブルになる前に来てもらえれば、依頼企業の負担も減り、経営的にもプラスになるのです」と西村弁護士。「顧問先とは、些細なことでも気兼ねなく相談していただける関係を築いていきたい」という。

中弘弁護士も、「相談の内容が全く問題にならなかったということでも構いません。掘り下げて話を聞かせて頂ければ、何か先方にプラスになるお話やアドバイスをさせて頂ける場合がよくあるのです」と語る。

また昇陽法律事務所では、司法書士や税理士、公認会計士、弁理士など各士業同士との緊密なネットワークを構築している。このため、税務や登記、各種の公的な申請の依頼などにも速やかに対応することができる。色んな相談事が一カ所で対応できる『ワンストップサービス』の提供を実践しているのも大きな特徴だ。

「今後とも、一人でも多くの問題を抱えている人たちの悩みやトラブルを解決して、少しでもより良い社会を作っていきたい」という西村弁護士は、常に沈着で柔和な表情から、安心の頼れる癒し系の雰囲気が伝わってくる。

「門戸を広く、あらゆる悩みをワンストップで応えていきたい」と語る中弘弁護士は、一つひとつの相談事に真剣に考え、丁寧に答えていく気さくで誠実な人柄がとても印象的だ。

「入所したばかりで日は浅いですが、依頼者の信頼を得、相談してよかったといわれるような仕事をしていきたい」と話す山岡弁護士は、「得意分野である知的財産以外にも、スポーツ関係や少年問題などにも取り組んでいきたい」と意欲満面のファイトがみなぎる。

三銃士さながらに、新進気鋭の三弁護士が今、法曹界に新風を巻き起こしつつある。

PROFILE

西村 隆志（にしむら・たかし） 昭和 53 年 12 月生まれ。山口県出身。同志社大学法学部政治学科卒業。北海道大学大学院法学研究科修士課程修了。同志社大学大学院司法研究科修了。平成 18 年司法試験合格。司法修習を経て同 19 年弁護士登録。同 20 年同志社大学大学院司法研究科アカデミックアドバイザー就任。同 23 年昇陽法律事務所開設。

中弘 剛（なかひろ・たけし） 昭和 56 年 11 月生まれ。愛媛県出身。同志社大学法学部法律学科卒業。同志社大学大学院司法研究科修了。平成 18 年司法試験合格。司法修習を経て同 19 年弁護士登録。同 20 年同志社大学大学院司法研究科アカデミックアドバイザー就任。同 23 年昇陽法律事務所開設。

山岡 慎二（やまおか・しんじ） 昭和 57 年 11 月生まれ。大阪府出身。神戸大学法学部卒業。同志社大学大学院司法研究科修了。平成 22 年司法試験合格。司法修習を経て同 24 年弁護士登録。昇陽法律事務所入所。

INFORMATION

昇陽法律事務所

所在地　〒 530 － 0047　大阪府大阪市北区西天満 2 － 6 － 8
堂島ビルヂング 501 号室
TEL　06 － 6367 － 5454　　FAX　06 － 6367 － 5455
E-mail　info@shoyo-law.jp
URL　**http://www.shoyo-law.jp/**

アクセス
●電車でお越しの場合
京阪中之島線 大江橋駅
徒歩約 3 分
地下鉄御堂筋線・京阪 淀屋橋駅
徒歩約 5 分
JR 北新地駅 徒歩約 10 分
JR 大阪駅・阪急・阪神・地下鉄
梅田駅 徒歩約 15 分

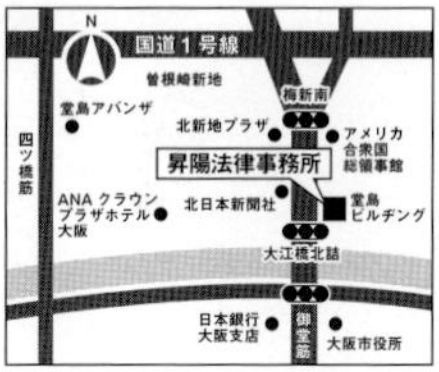

設　立　平成 23 年 1 月 1 日

相談受付
●平日　9：00 － 18：00
●土日祝日、夜間、出張法律相談にも対応

法律相談内容
[企業に関する法律相談]
●債権回収・人事労務・不動産
●倒産　事業再建・その他
[個人に関する法律相談]
●債務整理・過払い・個人再生
●交通事故・離婚・遺言 相続
●高齢者問題　その他

韓国渉外法務のスペシャリスト
日韓企業を強力にサポート

お客様の喜ぶ顔を見る事が弁護士という仕事の醍醐味です

森岡・山本・韓法律事務所
弁護士　**韓　雅之（はん・まさゆき）**

韓国留学で韓国法曹界との人脈を築く
森岡、山本両氏と共に念願の事務所開設

二〇〇六年の司法試験制度改変以降、弁護士の数が増加し、現在その数は三万人を超える。敷居の低さやサービス拡充というメリットが生まれ、専門分野に特化した弁護士や弁護士事務所がとくに都市圏を中心に増えている。

そうした中、大阪市にある森岡・山本・韓法律事務所の韓雅之弁護士は、企業法務を中心とした活動で企業から厚い信頼が寄せられて、連日多忙を極める弁護士だ。

国内法分野での相談ももちろん数多く取り扱うが、とくに韓国との渉外に関する分野で、的確に業務をこなせる希少な存在として注目を浴びている。

「韓国企業との取引では、言葉や文化を理解しないとスムーズな交渉は出来ません」と韓弁護士は語る。大学時代から「将来は企業に属するのではなく、手に職をつけて自分の腕一つでやっていける仕事に就きたい」と考えていたそうで、弁護士の道を志した。

「法律の勉強は無味乾燥のイメージがあったが、条文の出来た背景や理念を理解していくうち、六法全書から熱いものを感じるようになりました」と振り返る。

リーガル・マインドの魅力に引き込まれて「一日十時間の勉強も全く苦にならなかった」と試験勉強に没頭し、関西大学卒業後の二〇〇〇年に司法試験をパスした。

一年半の司法修習期間を経て二〇〇二年に、心斎橋総合法律事務所で晴れて弁護士としてのスタートを切った。

心斎橋総合法律事務所に入所後まもなく、韓弁護士は韓国延世大学へ留学する。この留学は韓弁護士にとって将来への貴重な経験と機会を得ることになった。

「韓国の法制度や言葉、文化を大いに学ばせて貰いました」という韓弁護士だが、留学中は勉学に励むと共に、ローファーム（専門別の大規模法律事務所）において現地の事件・案件に触れるなどして実務を経験した。

「この経験によって、韓国の弁護士と深い交流を持つことができ、今でも連携して仕事をするなど現在の自分の強みになっています」と語る。

「一年間の留学は日本の法曹界との違いを肌で感じる事ができ、貴重なキャリアになりました」と振り返る韓弁護士は言葉をマスターし、経験や人脈という無形の財産を得て二〇〇三年日本に帰国。帰国後はアジア渉外法務専門の弁護士法人キャストで勤務を開始した。以来、韓国との渉外業務の仕事を本格的に手掛けるようになった。

事務所勤務の間も多彩な経験を積み上げ、豊かな人的ネットワークを培ってきた。

二〇〇六年には「同級生で気心も知れていた」という森岡弁護士、山本弁護士と共に『森岡・山本・韓法律事務所』を大阪市北区堂島に開設。念願の法律事務所開業を果たしたのだった。

「基本は単独で案件をこなしますが、困難な訴訟やボリュームのある事件であればチームを組んで対応にあたります」

開設当初、韓国企業からゴルフ場買収に関する大きな案件を持ちかけられたが「三人で連携して無事に解決することができました」と懐かしく当時を振り返る。

独立後も、自身の強みを活かして韓国渉外業務に邁進してきた韓弁護士は、韓国マターのスペシャリストとしての地位を築いてきた。現在は大手から中小企業まで多くの日韓企業をサポートしている。

大手から中小企業まで多くの日韓企業をサポートしている

日韓の渉外業務は双方の風土や文化の理解が大切
韓国での著作権の問題は韓国の専門の弁護士と連携して対応

韓国の法制度は、元々日本の法制度を取り入れて作られたが「最近ではアメリカなどから最新の法制度を導入するなどして随分様変わりしています」と説明する。

さらに「日韓の渉外業務を手掛ける場合、双方の法律を熟知するのはもちろん、両国の風土や文化も十分理解する事が重要になってきます」と強調する。

一口に韓国渉外業務といってもその内容は多岐に渡る。韓国への企業進出サポートや、各種契約書の作成、訴訟や債権回収・保全手続きなど枚挙にいとまがない。

「経済情勢によっても相談内容は変わります。二〇〇八年のリーマンショック以前は多くあったM&Aの相談も、以降は景気低迷からパッタリと

日韓の架け橋的存在を目指す韓弁護士

なくなり、代わりに倒産に関する相談が増えました。最近は、韓国とEU・アメリカとのFTA締結や、ユーロ危機、円高などの影響から韓国に進出する企業の相談が増えてきています」と説明する。

また「著作権に関する案件も最近は多くなっています。例えば日本の企業が人気のキャラクター商品を韓国で販売する場合、現地で偽物が出回る状態を放置していると、ビジネスを展開するうえで様々な弊害が出てきます」と忠告する。

韓国での偽物のキャラクターには当然現地の著作権法が適用されるため、「本元のキャラクターの著作権を守るために私たちは、著作権の係争に強い現地の弁護士とタッグを組みます。常に最新の法改正をチェックしながら、現地の法律を駆使してのエンフォースメント（権利執行）を心がけています」という。

「いずれにしても、案件ごとに専門の弁護士に相談してリスクを想定するなど、事前に万全の対策を打っておくことが大切です」とのアドバイスを送る。

日韓双方の国民性の違いがトラブルの要因に
理想は韓国の実情、国民性を熟知した弁護士

企業が韓国に進出する場合や、韓国での著作権問題に関する相談が多いとのことだが、こうした韓国渉外業務では当然ながら韓国企業や韓国人を相手に交渉が行われる。

「交渉のテーブルにおいて韓国語を自在に操る言語能力は必須条件です」とコミュニケーションスキルの重要性を強調する。さらに企業取引の上で日本、韓国との国民性の違いも理解する必要があるという。

韓弁護士は、国民性の違いが原因でトラブルになる場合も多いと指摘する。

「日本はどちらかといえば慎重居士ですね。石橋を叩いて渡る傾向が強いのですが、韓国人は全く逆なんです」

韓弁護士によれば韓国ではスピードが何より重視されるといい、「気質として、まず実行して、うまくいかないときはその時考えるという人が多いのです。企業間の取引においても、こうした国民性の違いが争いの種になることもあります」とのことだ。

それだけに韓弁護士は、双方の気質の違いを踏まえて問題解決を図る事が大切だという。

「韓国の弁護士にも日本語が堪能な人はいます。このため、日本の企業の中では韓国で問題が発生すると、すかさず現地の弁護士に相談するケースがあります。しかし、中々満足のいく結果を得られない場合が多いのです」と実情を説明する。

この理由はまさに〝日韓の気質の相違〟だそうで、「韓国の風習や文化、国民性など現地のさまざまな実情を熟知しながらも、交渉や業務の進め方などはあくまで日本的な感覚、スタイルを踏襲する弁護士に頼む事がベストの選択でしょう」と韓弁護士は語る。

大阪には今四千人近い弁護士が活動している。韓弁護士のように在日の弁護士もいるが、日韓双方の文化や伝統をよく理解し、それぞれの国民性や気質の違いなどを見極めた経験豊富な弁護士は少ないのが現実だ。それだけに、「韓国の法律が絡む案件などは、同業の弁護士からの依頼も多い」という。

韓弁護士への依頼は企業と企業のビジネスに関するものだけではなく、在日韓国人からの相続や離婚に関する案件も多い。

これは長年日本に住んでいても、韓国籍を持つ人には韓国の相続法や親族法など韓国の法律が適用されるからだ。

このため、「韓国の法律を知っていないと対処のしようがありません。そこで私の所に在日の方々から相談が持ち込まれてくるのです」

在日コリアン弁護士協会が出版した「韓国憲法裁判所」などの図書

韓国法の適用を受ける在日韓国人から多くの相談
いち早く韓国の情報収集に努めて経営に役立てる

日韓両国の法律を熟知するだけでなく、互いの言葉や文化を理解し、双方の国民性、立場の違いを十分わきまえて問題を解決に導くのが韓弁護士の弁護スタイルである。

「私は在日韓国人三世として、これまで日本の文化に慣れ親しんだ生活を送ってきましたが、あくまで韓国人です。いわば日本と韓国の双方の狭間にいるような存在です。狭間にいるからこそ出来る役割を今後も担っていきたいのです」と非常にアグレッシブだ。

今後はこれまで行ってきた日韓双方の企業の法務相談や在日韓国人のサポートに加え、「日韓双方の情報発信も積極的に行っていきたい」と意気込む。

日本と同様、韓国においても法律は刻々と変わっていく。「韓国の新しい法制度や改正された法律をいち早くチェックして収集し、企業経営にプラスになるような情報を的確に伝えていきたい」と意欲満面に語る。

日韓の橋渡し的な存在として弁護士業に勤しむ韓弁護士は、弁護士業務の枠を超えた活動にも積極的で、今現在、在日コリアン弁護士協会（通称ラザック）の副代表も務めている。

これは、日本に住む韓国人や朝鮮人の差別をなくし、権利を守る目的で二〇〇一年に結成された組織だ。

常に研鑽を怠らず一つひとつの仕事に対して最善、最適な解決策を模索 クライアントと同じ目線に立ち、クライアントの満足を追求

この在日コリアン弁護士協会から、二〇〇九年には「Q＆A新・韓国家族法」が出版された。前述の通り、在日韓国人のために、日韓の親族・相続法を解説した本だ。韓弁護士は、この著書で編集代表を務めた。また翌年二〇一〇年には『韓国憲法裁判所』が出版された。著書の一人である韓弁護士は、「日本の司法制度に是非『憲法裁判所』を導入して欲しい」と力強く訴えている。

憲法の解釈を裁判手続きで解決させていこうという専門機関である『憲法裁判所』は、韓国をはじめ、ヨーロッパ諸国でも設置されている。

「日本は最高裁判所が一般の事件と共に憲法判断も行っているため、十分に議論する時間がとれ

ていないのが現状です。憲法裁判所の設置は市民により良い生活を提供することにも繋がるのです」とその効用を強調する。

こうした弁護士業務外の司法制度改革に関わる活動も精力的に行う韓弁護士だが、「本業はあくまで弁護士」とのスタンスは微塵もゆるがない。弁護士という仕事に誇りと使命感を持って常に真摯に向き合う姿勢を崩さない。

「常に研鑽を怠らず、一つひとつの事案に対して、どこまでも最善、最適な解決策を模索していく」との心がけをもつ韓弁護士はまた、「お客様と同じ目線に立って事件の処理にあたり、無事解決した時のお客様の喜ぶ顔を見ることがこの仕事の何よりの醍醐味です」と笑顔で語る。

弁護士事務所という一種近寄りがたい、かつての敷居の高さを意識させない部分も特徴だ。「サービス業という意識を常に持って、クライアントの満足度を追求していく。この姿勢は弁護士をやっている限りずっと貫いていきたい」と力を込める。

日本と韓国のより良い未来を念じながら、双方のビジネス、学術文化の交流と発展に、自ら日韓の頼りになる架け橋を任じる韓弁護士は現在三十八歳。ときおり見せる優しい笑顔がとても印象的だ。

PROFILE

韓 雅之（はん・まさゆき）

昭和48年生まれ。大阪府出身。弁護士。関西大学法学部卒業後、平成12年司法試験合格。心斎橋総合法律事務所で勤務しつつ韓国延世大学へ留学。弁護士法人キャスト糸賀を経て、平成18年森岡・山本・韓法律事務所開設。大阪弁護士会所属、在日コリアン弁護士協会所属。

文化庁「韓国における著作権侵害対策ハンドブック」執筆。商工会・経営安定セミナー「明日からの企業活動に活かせる～企業の法務対策～」講演。

文化庁・日本貿易振興機構（JETRO）「韓国における著作権侵害対策の概要」をテーマに東京、福岡、ソウル、大阪で講演。

INFORMATION

森岡・山本・韓法律事務所

所在地　〒530－0003　大阪府大阪市北区堂島1－1－25
新山本ビル9階
TEL　06－6455－1900　FAX　06－6455－1940
E-mail　han@myh-law.com
URL　**http://www.myh-law.com**

アクセス
●地下鉄 淀屋橋駅7番出口を出て、まっすぐ北方向に徒歩7分
● JR東西線 北新地駅、地上出口c 11-43を出て、南方向に徒歩3分
●京阪電車 中之島線 大江橋駅5番出口からまっすぐ北方向に徒歩4分

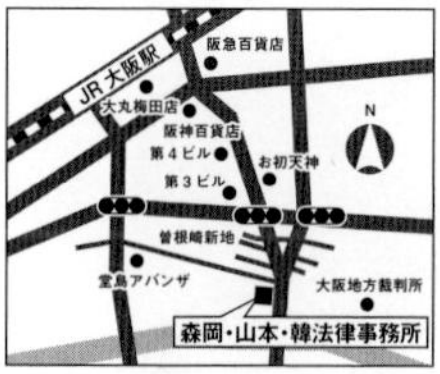

設立　平成18年10月

営業時間　9：00－17：00（土・日・祝日を除く）

主要取扱分野　韓国渉外法務（企業法務、債権回収、親族相続法）、知的財産権法（韓国著作権法）、国内企業法務、金融法務、倒産法、M＆A、一般民事事件

渉外業務　韓国法に精通し、韓国語の堪能な弁護士および専門スタッフが、日本と韓国にまたがる企業活動や法的問題の対処について、トータルサポートしています。
案件の内容に応じて、提携関係にある韓国法律事務所と共同で業務を行っています。

主な取り扱い業務
■各種契約書の作成…合弁契約、販売店契約、代理店契約、ライセンス契約等
■債権回収…韓国または日本企業に対する売掛金、貸付金、損害賠償請求権等の回収
韓国内または日本内での民事保全、訴訟、民事執行、執行判決等各種手続き
■著作権関連業務…ライセンス契約、現地エンフォースメント支援等
■海外進出支援（日本→韓国、韓国→日本）現地法人設立、支店設置、駐在員事務所設置
■現地法人の管理…コンプライアンス、社内規程の整備、株主総会・取締役会の運営援助、労務管理等
■相続関連業務…相続人調査（家族関係証明書等の取寄せ）、遺産分割協議書の作成、韓国相続法・相続税法の諮問
■韓国企業調査…法人登記簿謄本取得・翻訳不動産登記簿謄本取得・翻訳・信用調査

労働問題のスペシャリスト
夢と希望を与える癒し系弁護士

経営指南役として企業のニーズに応えていきたい

山田総合法律事務所
弁護士 山田 長正

Close up Interview

近年増加している企業法務の人事労務相談
交渉相手を思いやる親身な対応で信頼を得る

近年、企業を経営していく上で避けて通れないのがコンプライアンス（法令順守）だ。一連の食品偽装、個人情報の流出、サービス残業といった問題が浮き彫りになるたびに、法律が見直されて罰則を厳しくしたり規制が強化されたりしてきた。

過度な規制は抑止効果というメリットを生む一方、事業のスピードダウンというデメリットも起こる。法を順守し、事業をスピーディーに運ぶためには弁護士の存在が不可欠になっている。

山田総合法律事務所所長の山田長正弁護士は、企業法務に精通し企業の経営サポートに特化した存在だ。人事労務問題の専門的な対応に加え、事業再生の分野においても平成二十三年に立ち上げた「新会（あらたかい）」の一員として、他の士業等のメンバーと連携をとり事案の解決にあたっている。

「企業の労務問題は大変な労力を要し、積極的に取り組む弁護士が少ないのが現状です」

こう語る山田弁護士は神戸大学法学部を卒業後、同大学大学院法学研究科に進み、大学院在籍中に司法試験に合格した。司法修習を終えて弁護士資格を取得し、弁護士事務所に七年間勤務した。

「この間、企業法務の実務やノウハウを徹底的に学びました」と振り返る。こうしたキャリアを重ねて平成二十三年一月、父親と共同経営という形で山田総合法律事務所を開設した。

現在は、全国的にも法曹界では数少ない労働問題のスペシャリストとして多くの労働問題案件をこなし、幅広い産業界からの厚い信頼を集めている。

「現在事務所で取り掛かっている仕事の八割が企業法務に関する案件です。父親が担当しているものに限れば、ほぼ全てが企業案件となります」と語る山田弁護士。

事務所に寄せられる相談内容は極めて多岐にわたる。債権保全・債権回収や事業承継、M＆A、企業再編、会社法関連の案件などがある。中でも最近多くなってきたのが「人事労務の案件」だ。「現行制度が労働者保護に偏っている傾向にあるため、とくに従業員の解雇は慎重に行わなければなりません」と指摘する。解雇に納得のいかない従業員は、所属している労働組合から解雇を撤回する旨の要求や、本人から解雇無効の訴えを起こすケースが多いという。

「紛争になるとリスクが高く、解雇ではなく別の懲戒処分や、自主退職など、双方が納得のいくような妥協点を見出す事が重要になってきています」と山田弁護士は説明する。

これまで、使用者側に立って数多くの団体交渉を経験してきた山田弁護士は、「組合との交渉では、会社の主張は筋を通してきちんと伝えるのは勿論ですが、さらに大事なことは組合側の立場も最大限尊重してあげる点です」と強調する。その上で落とし所を見極めて交渉を進めていくのが山田弁護士のスタイルなのだ。「譲れる部分、譲れない部分を丁寧に説明し、真剣・真摯な態度で接することで相手を納得に導き、『この弁護士が言っている事は仕方がない』と思わせる程の信頼を得られれば交渉は上手くはかどっていきます」

相手からの信頼を得るために山田弁護士は、「例えば交渉の過程で、無理に解雇に結論を持っていくようなことをしないで、組合側の主張に真摯に耳を傾けるなど、相手の立場に理解を示すような、親身な対応を心がけています」と解説する。

山田弁護士は、企業で働く従業員の健康やメンタルヘルスにも力を入れている

訴訟を避ける予防法務はリスク回避の最適手段　中小企業経営者の頼れる相談相手になりたい

山田弁護士は現在、中小企業を中心に数十社の顧問を引き受けている。顧問先である企業の業種は製造業やサービス業など実に様々だが、山田弁護士が顧問先に向き合うときに共通していることがある。

それは、「常にコミュニケーションを大事にしています。些細な事でも気軽に相談して貰える関係を構築していくことをいつも意識しています」ということだ。

何でも気軽に相談してもらえるコミュニケーションづくりに力を入れるのにも理由があり、「事が大きくなる前に相談して貰えれば、訴訟に発展するまでに至らずに、問題を解決することが出来るからです」と答える。

訴訟になれば結果がどうであれ、会社に

事務所で取り扱う案件の８割が企業法務に関するものだ

とって手間と経費がかかってしまう。「訴訟に至らないための予防法務は、大きなリスクを回避する重要な手段です」と強調する。

「どんなに小さな悩みごとでもいいのです。それが、愚痴を言うだけに終わっても構いません。事案によっては方向性を示せることもあるのです」

一城の主である中小企業の社長は、案外親しい相談相手がいない場合が多い。このため山田弁護士は、「そういう社長さんたちの相談の受け皿になりたい」というのだ。

何でも気軽に相談してもらえる関係を作り上げるのには、相手から厚い信頼を得ることが前提となる。山田弁護士の言葉の中から、何時の場合でも、どんな場面でも信頼関係の大切さを強く感じ取ることが出来る。

指南役として利益に繋がる経営アドバイスを自ら増大するメンタルヘルスの相談も行なう

弁護士の枠に捉われず、もっと幅広く企業が抱える悩みや課題の解決に貢献したいとの想いから、山田弁護士は現在、経営学、人事制度設計や財務関係の勉強に余念がない。

「これまでは企業の方から相談を受け、それに対してアドバイスをするといった後処理的な関わりが多かった。今後は一歩経営にまで踏み込んで、企業の利益になるような提案を積極的に行っていきたいと考えています」と新たな挑戦に目を輝かせる。

弁護士として企業法務の顧問に加え、「経営指南役としても企業のニーズに応えていきたい」と前を見据える。また、山田弁護士によれば今はメンタルヘルスの相談も増えているとか。「最近はハラスメントに伴うメンタルヘルス問題が増加しています。他にも大企業の人事担当など、中間管理職と呼ばれる方々は上司と部下の板挟みにあって悩みを抱えてしまうことが多いようです」

こうしたメンタルな相談に対しても山田弁護士自らが対応している。「相談者の心情を汲み取り、気持ちを楽にしてあげられる様なアドバイスを送っています」とのことだ。

法律だけではなく、心のケアにも尽力する山田弁護士は「従業員が気持ちよく働ける職場環境を作る事が出来れば間違いなく会社のプラスになります」とそのメリットを語る。

企業に対するこうしたアプローチの根底にあるのは、「社長や従業員など、私たちが関わらせていただく全ての人を笑顔にしたい」という山田弁護士の変わらぬ想いによるものだ。

「私は昔から人と話したりするのが好きでした。その意味で、今の弁護士という仕事は自分の性格に合っていると思います」と笑みを浮かべる。

そんな山田弁護士がこの道を志したきっかけは、「子供の頃から『弱い人を助けて正義のために戦う』弁護士としての父親に憧れをもっていたから」だそうだ。

企業法務中心にセミナー、講演活動も積極的
弁護士親子二代で社会貢献活動に力を尽くす

弁護士として先輩にあたる父親の弁護士像を山田弁護士はこう語る。

「理屈や理論がしっかりしていて、知識も豊富です。常に謙虚な姿勢や仕事ぶりなど学ぶべき点は多い」と尊敬してやまない。

共同経営者でもある父親の山田長伸弁護士は昭和二十七年生まれの五十九歳。昭和五十年に司法試験に合格。同五十二年に神戸大学大学院法学研究科卒業とともに、司法研修へ。二年間の修習期間を経て、同五十四年弁護士登録。そして、八年間の弁護士事務所勤務の後、昭和六十二年独立した。

労働問題を主に講演・セミナーを積極的に行う

弁護士事務所勤務時代から企業案件を多く扱ってきた関係で、独立後もこの分野に特化して長年クライアントの様々なニーズに応えてきた。

「どの分野でもそうですが、企業法務に関しても紛争を未然に予防する事が大事になってきます」と、山田長伸弁護士はリスク管理の大切さを強調している。さらに「人があって企業が成り立つ」との考えから、会社で働く従業員の健康やメンタルヘルスにも力を入れて取り組んでいる。労働問題に関する講演やセミナー活動も数多くこなしてきた。

今は大阪大学の特任教授として教壇に立ち、自らの知識や経験を若い世代に伝えるなど後進の育成にも余念がない。

山田長伸弁護士は、「弁護士として大事なのは、バランス感覚です。一方に偏った判断を下すのではなく、皆が納得できる結論を導く力を養ってもらいたい」とかみ締めるように語る。

対外的な社会活動に積極的なのは山田弁護士も同様で、「講演・セミナーなどの依頼は積極的に引き受けています」とのことだ。これまで関西経済連合会や商工会議所、クライアント企業からの依頼で、主として労働問題をテーマとした講演・セミナーを数多くこなしてきた。

「現場の貴重な意見を聞かせてもらったり、私も結構楽しんでいます」と山田弁護士。こうした一方で、「できるだけ多くの子供たちに弁護士という仕事を知って欲しい」とボランティアで子供向けの講師も行っている。「子供に少しでも夢や希望を与えられるような活動ができれば」。本来の弁護士稼業の合間を縫って行うこれらの社会貢献活動は、「不景気が続き、暗く沈んだ関西を少しでも明るく元気づけたい」という山田弁護士の切なる願いが発端となっている。

仕事は楽しくが自身のスタンス 些細な悩みでも相談して欲しい

独立して一年以上が経過した山田弁護士だが、「今は仕事が楽しくて仕方がありません。自分一人だけでなく、相談に来られる人と一緒に楽しく仕事をこなしていければ最高ですね」

さらに山田弁護士は、「クライアントの様々な悩みや問題点に対して最適な解決策を考え、実践することで、案件に関わる全ての人が元気で生き生きした人生を送ることが出来ればそれが理想です」と語り「そのために、私たち弁護士の力が不可欠なのです」と力を込める。

常に変化する国際情勢、政治経済、社会、地域のさまざまな要求に合わせて、法制度も刻々と変わっていく。変転常ならない世情騒然とした昨今だが、山田弁護士は、「定年後再雇用と派遣社員に関する制度は今後の改正内容次第で企業の負担が増える恐れがある」と憂慮する。

現行制度では、企業は六十歳定年を迎えた社員の能力などを考慮して、一年単位で再雇用の可否を決める事が出来る。しかし「定年後も働きたいと希望する従業員に対しては、会社は全員を雇わなければならないという流れが出来つつある」と説明する。そのため、現在（平成二十四年五月時点）開会中の通常国会で、改正法案が提出されたとのことである。「そうなると企業の負担が増えて、社内の若返りも難しくなり、企業の活力が減衰されてしまう」と警鐘を鳴らす。

さらに派遣社員に対しては、平成二十一年の民主党政権発足当時すでに派遣切りが問題になっていた。このため「派遣社員を一定期間雇えば、正社員としての登用を義務づける」という対策案が浮上したが、これに嫌気した企業は派遣社員の雇用を控える動きが出てきて、派遣企業の倒産など様々な弊害が出てきた。山田弁護士はこうした経緯を振り返りつつ今後の雇用問題と政府の雇用対策に強い警戒心を覗かせる。その後、平成二十四年三月二十八日改正労働者派遣法が成立し、当初の政府案からは多少規制色は弱まったものの、従前より一層規制色が強まる内容に改正された。

国会の場が一時期、震災復興財源捻出の予算編成と原発事故処理の問題に忙殺されていた影響から、雇用に関する国会審議は今まで持ち越される傾向にあった。「とにかくどんなに些細な事でも私たちに相談してください。誰もが気軽に訪問できるように、敷居を徹底的に低くしていきます」とアピールする。山田弁護士は、穏やかで、物腰の柔らかい、親しみやすい雰囲気の持ち主だ。とかく弁護士といえば堅物っぽいイメージを抱きそうだが、「周りの人たちに夢と希望を与えられる様な、癒し系の弁護士を目指しています」と細やかな気配りの人でもある。

PROFILE

山田 長正（やまだ・ながまさ）

昭和 52 年 7 月 18 日生まれ。兵庫県出身。神戸大学法学部、同大学大学院法学研究科卒業。司法試験合格後、司法修習を経て平成 15 年弁護士登録。弁護士事務所勤務を経て平成 23 年 1 月山田総合法律事務所を開設。

弁護士。経営法曹会議、日本労働法学会、スポーツ法研究会に所属。

＜職務信条＞

迅速・柔軟・親切をモットーに、癒し系弁護士を目指しています。

常にお客様の視点を忘れず、お客様に気軽に声をかけていただき、お客様と共に成長できる関係を築きたいと思っています。「この弁護士と出会ってよかった」と心底思っていただけるよう精進いたします。

INFORMATION

山田総合法律事務所

所在地 〒 530 － 0055　大阪府大阪市北区野崎町 6 － 7
大阪北野ビル 3 階

TEL　06 － 6362 － 4132

E-mail　nagamasa.yamadasogo@fuga.ocn.ne.jp

URL　**http://www.yamadasogo.jp/**

アクセス ●地下鉄（谷町線・堺筋線）
南森町駅 1 番・6 番出口から
徒歩約 8 分

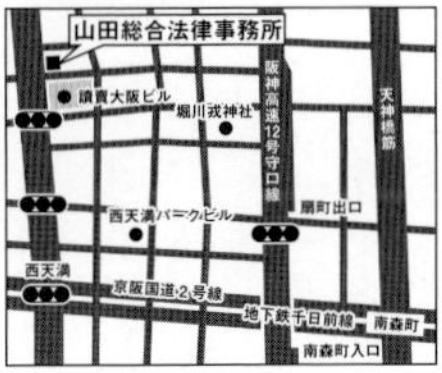

設　　立 平成 23 年 1 月

事務所理念

1．正義を貫く
2．愛敬と慈悲の心を込めて接する
3．使命感と熱意を持って成し遂げる
4．素直な気持ちで誠実かつ謙虚に取り組む
5．和を尊び感謝・協力を行う

専門・得意分野

- 裁判所・労働委員会事件
- 労働組合対策・就業規則の改訂などをはじめとした労使問題一般（解雇、残業代未払い、労災、配転、出向、労働者派遣、賃金カット等）
- 会社法関連事案（株主総会対策、代表訴訟、コンプライアンス、コーポレートガバナンス等）
- 企業法務関連一般・事業承継・M＆A・企業再編
- 債権保全・債権回収・事業再生・企業倒産問題
- 刑事弁護

企業再生のエキスパート集団
再生への道筋（ルート）照らし企業をサポート

企業再生に強力なスクラムを組んであたる高山、松井、坂本、安達の4弁護士（右から）

二〇一一年の企業倒産件数は一万二千七百三十四件。一九九一年以降毎年一万を超える件数で推移している。

経営不振からの倒産は中小企業から上場企業に至るまであらゆる企業に起こりえるリスクだ。

そうした窮地に直面する企業のサポートに力を尽くしているのが大阪市北区にあるルート法律事務所だ。

事務所に所属する坂本勝也弁護士、高山智行弁護士、松井良太弁護士、安達友基子弁護士は皆、これまで多くの企業を再生に導いてきた実績を持ち、企業再生のエキスパート集団でもある。

ルート法律事務所
弁護士 **坂本 勝也**　弁護士 **高山 智行**
弁護士 **松井 良太**　弁護士 **安達 友基子**

「企業再生が成功するかどうかは、相談に来て頂く時期が重要になってくる。というのも企業の中におけるキャッシュフローの有無がその後、自力再建できるかの大きなポイントになるからです」と語るのは高山弁護士。

　高山弁護士が弁護士を志したのは「自分の性格や能力を考えたとき、もっともマッチする仕事だという確信があった」からだという。

　京都大学法学部を卒業後、二〇〇三年司法試験に合格した。その後五年余りの事務所勤務で実務経験を積み、二〇一〇年、四人の弁護士の共同事務所としてルート法律事務所を開設した。

　現在は、社会保険労務士の資格も保有し、使用者側の労働事件を中心に多数の企業法務案件を取り扱っている。

　顧客は飲食業、製造業、環境事業や医療法人が中心だ。

法的手続きでの企業再生は弁護士の強み
早めの相談で増える対応策

「企業再生の手段は、リスケジュールや会社分割など様々ありますが、当事務所の強みは、民事再生などに代表される法的手法が取れる点です」

こう語る坂本弁護士は学生当時に「人の悩みを解決出来る仕事を」と弁護士を志した。

高山弁護士と同じく京都大学法学部を卒業後、二〇〇二年司法試験に合格。

弁護士登録後は会社法務や破産、相続、交通事故等の損害保険案件などの事件を多く手掛けてきた。

坂本弁護士は「企業の置かれている状況によって最善の策は変わってきますが、いずれにしても早めに相談に来て頂きたいですね。そうする事で破産を免れる事ができ、様々な対策を取れる事に繋がります」と訴える。

同弁護士は、現在企業再生のほかに、建築業、サービス業からの依頼を幅広く受任しており、建築紛争やクレーマー対策にも力を振るっている。

大阪市旭区出身の松井弁護士は灘高校から京都大学法学部へ入学。

「友人が法律トラブルに巻き込まれるのを目の当たりにし、法律の重要性を痛感した事が弁護士の道を目指そうとしたきっかけ」と語る。

その後二〇〇三年の弁護士登録と共に企業法務を中心に相続や労働事件を数多く手掛けてきた。

「企業再生ではまず決算書や会社財産の状況など、客観的に事実のわかる資料を見せて頂き、十分に分析します。その上で事業継続の可能性を法的な観点から徹底的に模索します」と松井弁護士。

松井弁護士はコンプライアンスオフィサーの資格も持っており、企業再生のほかにも顧客の労働紛争や独占禁止法の問題、不祥事対応について、監査役の実務等について法的な面のみならず当該企業の企業風土、体質も踏まえたアドバイスを行っている。

また、消費者保護委員会に所属し、電子商取引などの消費者問題も取り扱っている。

紅一点の安達弁護士は、「弁護士になろうと思ったのは子供の事件に興味を持った事がきっかけ

法律事務所には存続の危機に直面した企業からの相談が相次ぐ

でした。親からの虐待や犯罪に手をそめる少年を一人でも多く助けたいという想いでこの道に進みました」と語る。

京都大学法学部を卒業後、司法試験に合格し、二〇〇六年弁護士登録した。

四年間の勤務弁護士時代には、企業法務のほか、交通事故その他の事故に関する案件や債権回収等、様々な民事事件を手掛けてきた。

現在は企業再生案件のほかに、会社の債権回収や個人からの様々な相談案件に対応しつつ子どもの権利委員会、児童虐待等危機介入援助チームの一員としても積極的な活動を行っている。

企業再生は破産の回避が重要 会社の現状に合わせた様々な方法を駆使

このように取扱分野が異なる弁護士が終結し、共同事務所が運営されているが、企業再生の案件は四人共同で手掛けている。

これは「企業再生の事件は大きくなればなるほど仕事量が膨大になり、複数の弁護士が必要になってくる」（坂本弁護士）

「企業再生の過程では企業が抱える様々な法的問題が現れてくる。その際、弁護士がそれぞれの得意分野に応じて、個々の問題にも対応できるというのは重要」（安達弁護士）という理由からだ。

事務所には様々な理由から存続の危機に直面している企業からの相談が相次ぐ。

「企業がどのような状態にあっても破産だけはできるだけ食い止めようというのが私たちの共有するポリシーです」と力を込める高山弁護士。

財産を全て失う破産は、会社の消滅と共に全従業員の解雇などを含め、経営者自身全てを失ってしまう厳しい処置を強いられる。

このような理由から破産ではなく企業を存続させるための様々なアドバイスを四人全員が心がける。

坂本弁護士は「企業の再建には、金融機関にリスケジューリングを申し入れたり、会社分割等の方法を利用して再建を図る私的再建の手法や、民事再生・会社更生に代表される法的再建の手法などがあります」と説明する。

これらの方法を会社の現状に合わせて使い分けていく。

「リスケジューリングとは元々取り決められていた支払い計画の見直しをいいます。銀行と交渉し、月々の返済額を支払い可能なラインまで下げて貰い、その間に会社の立て直しを計ります」という坂本弁護士。

同弁護士は、「事業自体の黒字を確保できるのであれば、最近は『中小企業金融円滑化法』の施

それぞれの得意分野の力を結集して企業再建にあたる４弁護士

行もありますので、債権者との合意も可能なことが多いのですが、抜本的な解決にならないこともあります」とも。

「リスケジューリングが抜本的解決にならないのは、金融機関は支払いの延期には応じてくれますが、債権そのもののカットにはなかなか応じてくれないからです」

「それでも我慢して支払いを続けていると、弁護士の元へ相談しに行く時点で、既に経営状態が深刻なレベルになってしまっている場合が多いです」（坂本弁護士）という。

債務カットで企業を甦らせる民事再生中立て後のスピーディーな対応が成功のカギ

そうした会社に対しては法的手続きで企業の存続を図る。

「中でも民事再生は成功すれば企業を苦しい状況からでも甦らせてあげる事が出来る」（高山弁護士）と説明にも力が入る。

民事再生とは債務者が資金に窮し、債務超過の恐れがあるなど困難な状況にある場合に、裁判所の関与の下で再建を図る手続きだ。

「債務の八〜九割をカットして残りの一〜二割を十年かけて返す手続きで、営業活動の継続が可能であると共に、負担を大幅に減らす事が出来る」（高山弁護士）とそのメリットは大きい。

裁判所の指導・監督の下行われる民事再生は債務のほとんどをいわば帳消しにする事の出来る効果があるが、認められるためのポイントは「裁判所に民事再生申立てをした後のスピーディーな説明。そしてそれによる、債権者の理解を得られるかどうか」（坂本弁護士）だという。

「債権者の立場からすると債権の八〜九割を失うのはかなりの痛手になる」（坂本弁護士）。しかし「民事再生は、再生計画を認可させてもらえれば残りの一〜二割を必ず払うという制度です『今破産をしてしまうと1％しか払えないのだから、賛成してほしい』と交渉するのです」（坂本弁護士）

「例えば小売業であれば商品の仕入れが止まると売る物が無くなり経営を存続させる事が出来なくなる。これではお金の流れも無くなり破産の道を辿らざるを得なくなってしまう」（松井弁護士）

このケースにおいて民事再生を成功させるためには、商品の仕入れを止められないよう弁護士主導で仕入先に対する説明と協力要請を行っていく事が重要となる。

というのも「取引を継続し、利益を生み出す事で、今後新たに発生する取引はもちろん、これまでの債権も出来るだけ多く弁済する事に繋げられるということを取引先に十分に理解してもらう必要がある」（松井弁護士）からだ。

さらにこういった事例における一般的な民事再生とは異なる〝清算型の民事再生〟事例も近年

企業再生のエキスパート集団を誇るルート法律事務所

増えているという。

「通常の民事再生であれば会社をそのまま存続する形だが、清算型は会社を一旦継続させ、そこにスポンサーを見つけてきて会社の事業を買い取って貰うという手法です」（坂本弁護士）

スポンサー企業に事業を譲渡し、売却して得た資金を債権者に平等に分配していく。元の会社は清算という形で無くなるものの事業を存続出来る点がメリットになるという。

「小さな会社で経営が立ちいかないが、オンリーワンの特殊な技術を持っている…。いわば残すべき事業が一つでもあれば清算型の再生は最適な方法になる」（松井弁護士）

四人の力を結集して企業の再建に尽力 情熱と高い向上心で弁護士道を邁進

事務所開設から三年目を迎えている今、四人の弁護士は、多忙な毎日を送っている。

「今後は皆で協力して企業再建を行う事に加え、それぞれの弁護士がそれぞれの得意分野を完全に確立していき、強固な専門家集団にしていきたい」（坂本弁護士）と今後の展望を語る。

「スピード感を大切にしながら様々な事件を経験し、もっと弁護士としての能力を高めていきたい」とは高山弁護士。

「企業は人の集まりであり、社会生活を営む上で必要不可欠なもの。この意識を持って一社でも多く企業の存続に力を尽くしていきたい」と松井弁護士は前を見据える。

「気持ちが暗く落ち込んでいる相談者の方を元気づけてあげられるような、きめ細かな配慮を常に心がけて事件の処理を行っていきたい」と穏やかな表情で語る安達弁護士。

四人の弁護士共に、仕事に対する情熱と理想の弁護士像を追い求める高い向上心がとても印象的だった。

PROFILE

坂本 勝也（さかもと・かつや）

1977 年生まれ。愛知県出身。京都大学法学部卒業。2003 年弁護士登録。同年梅田総合法律事務所入所。2010 年ルート法律事務所開設。弁護士。

高山 智行（たかやま・ともゆき）

1976 年生まれ。大阪府出身。京都大学法学部卒業。2004 年弁護士登録。同年中本総合法律事務所入所。2010 年ルート法律事務所開設。弁護士。社会保険労務士。業務改革委員会副委員長

松井 良太（まつい・りょうた）

1977 年生まれ。大阪府出身。京都大学法学部卒業。2003 年弁護士登録。同年大阪国際綜合法律事務所入所。2006 年片山・黒木・平泉法律事務所入所。2010 年ルート法律事務所開設。弁護士。消費者保護委員会副委員長。民法改正問題特別委員会委員。認定コンプライアンスオフィサー。株式会社総医研ホールディングス監査役。著書に「会社法の手引き」。

安達 友基子（あだち・ゆきこ）

1979 年生まれ。愛知県出身。京都大学法学部卒業。2006 年弁護士登録。同年梅田総合法律事務所入所。2010 年ルート法律事務所入所。弁護士。メンタルケア心理士。子どもの権利委員会委員。大阪府児童虐待等危機介入援助チーム委員。

INFORMATION

ルート法律事務所

所在地　〒 530 ― 0047　大阪府大阪市北区西天満 3-14-16
西天満パークビル 3 号館 2 階
TEL　06 ― 6311 ― 0065　　FAX　06 ― 6311 ― 0075
事務所 URL　**http://route-law.jp/**
企業再生 URL　**http://www.kigyousaisei-osaka.com/**

アクセス　●地下鉄堺筋線・谷町線「南森町」から徒歩 5 分

設　　立　平成 22 年 6 月

業務方針　紛争解決への最適な道（Route）を示したい――

税理士らしくない税理士
あらゆる悩みをワンストップで解決

すべてにワンストップで応えられる体制を作っていきます

加藤英司税理士事務所／イーケートラスト株式会社
所長　税理士 **加藤 英司**

企業にとって欠かせない存在である税理士。近年、本来の税理士業務に加え、経営コンサルタントや会社設立支援など様々なサービスを提供する事務所が増えている。背景には依頼する側が税理士を選ぶ時代になっているという現状がある。

こうした中、税理士という枠に捉われない一風変わったサービスをクライアントに届けようと奔走、自らを「税理士らしくない税理士」と称するのが加藤英司税理士事務所代表の加藤英司所長だ。

「税務はもちろんあらゆる悩みをワンストップで解決出来る、いわば人生の相談窓口のような存在が理想の形」

こう語る加藤所長は名古屋市出身の五十八歳。岐阜大学農学部農芸化学科を卒業後、大学院へ。「この時はまだ税理士になろうという明確な意識はありませんでした」と振り返る。

大学院を修了後、大手の薬品会社や食品会社で勤務した経歴を持つが、「誰かの下で働くのは自分の性に合っていなかった」と独立を決意する。「元々興味はあった分野」という税理士の道を志した。

税理士試験五科目に合格後、数年間の税理士事務所勤務で経験を積んだ。

「農学部出身の税理士なんて中々いない」と笑うが、平成八年に満を持して加藤英司税理士事務所開設に至った。

「当時から税理士はサービス業という意識を人一倍持っていました」という加藤所長は、きめ細かに実直な営業努力を重ねていった。

こうした地道な取り組みが功を奏してクライアントからの信頼を集め、わずか数年で百社を超える顧問先を獲得し、事務所を急速に成長させた。

しかし勢いに乗っていたこの当時、加藤所長自身が病に襲われて闘病生活を余儀なくされた。「サイズの合わないメガネをかけていた事で体調を崩してしまった」そうで、事務所を一旦解散し、抱えていたクライアントは仲間に譲り、二年間を完全休養にあてた。

経験多い建設業界分野が自身の強み
営業努力で経営の健全化を

病も癒え、昨年五月にゼロからの再スタートを切った。

「長年仕事一途にがむしゃらに走り続けてきましたが、病気療養のために休んでいた間、自分の人生の事や業界の事を冷静に見つめ直すことができ、私自身にとって大きな転機になりました」と振り返る。

今は、これまでに培ってきたノウハウを活かしながら心機一転、新たな気持ちで業務に邁進している。

これまで税理士として幅広い業種をサポートしてきた加藤所長。中でも建設業は最も多く手掛けてきた分野で、業界の事情も知り尽くしているだけに、「体質的に改善しなければならない部分が多い」と指摘する。

加藤所長によれば、建設業界では次の仕事に繋がるという理由から、粗利益でマイナスになる仕事でも下請け、孫請け会社が請け負う状態が業界内で慢性化しているという。

「請け負う側、発注する側の双方が、赤字とわかった上で契約が成立してしまっている。発注する側は〝次回に儲かる仕事をまわすから〟と言うのだが、景気が急変したりして〝次回〟が無くなるケースも多々起こる」そうだ。

赤字の仕事だけで取引が終わってしまうわけで、「そうなれば経営が苦しくなるのは当然で、倒産リスクも出てくる」という。

本音をぶつけ合って利益に繋がる提案を行なう加藤英司所長

こうした現実の打開策として加藤所長は、「自己資産を増やし、顧客を沢山獲得するなど、赤字を他で補える体制づくりが重要です」と強調する。そのための営業努力が必要となってくるのだ。

また、こうした営業活動を重視しない企業が多いのも建設業界の特徴だそうで、「職人気質が抜けきらず経営をおろそかにする経営者が多いのです。もっと知恵を絞って儲ける術を考えなければいけない」と訴える。

企業を発展、成長させるのは経営者の義務　貪欲に利益を追い求める姿勢が大事

十年以上の税理士人生の中で、倒産の憂き目にあう企業を多く目の当たりにしてきた加藤所長は、「起業して会社を経営するということは大変な事です。生半可な気持ちではや

加藤税理士事務所は、弁護士、行政書士、司法書士、中小企業診断士などとネットワークを形成している

らない方がいい」とアドバイスする。

資本金0円でも会社を作る事が出来るという現行制度の効果もあり、一九九〇年代以降企業の数は増加の一途をたどってきた。しかし、同時に倒産件数も二十年前と比べて倍以上の数を記録している。

「会社が倒産すれば自分だけが不幸になるのではなく従業員や取引先、その家族に至るまで多くの人に迷惑がかかってしまう。経営者はここを常に意識しておかなければなりません」と訴え、「興した会社を発展、成長させ、永続させる事は、トップに立つ者の責務です」と言い切る。

その為にも企業の売上や利益データをいつも念頭に置き、今現在、会社がどのような状態にあるのかを経営者自身が、常に正確に把握する事が大切だと話す。

「計算や処理などは経理や税理士に任せても、決算書の損益計算書や貸借対照表など経営に関わる最低限のデータをきちんとチェック出来るだけの知識は持っていて欲しい」

加藤所長がこのようなアドバイスを経営者に繰り返し訴える背景には、「会社として健全な形で利益を出せば従業員や取引先はもちろん、納税先である国も含めてみんなが幸せになれるのです」との強い想いからなのだ。

「会社を繁栄させる為には、お金を儲けるという事に対して貪欲な姿勢を持ち、我々税理士を上手く使って欲しい」と加藤所長は語る。

本音をぶつけ合い利益に繋がる提案を常に納税者の味方でありたい

そんな加藤所長が顧客に対するスタンスとしてこだわるのは「本音のぶつけ合い」だという。「一度顧問になれば相手の財布の中身を隅から隅まで全てみる事になります。こうなると建前の話をしていても仕方がないですし、お互い腹を割って話をしなければ良い提案も出来なくなります」時には厳しい意見も浴びせる加藤所長だが、「全ては会社の利益に繋がるためのアドバイスです」という。

さらに顧問契約の際、クライアントとの間で、月に一度の訪問という取り決めをした場合、先方に訪問してもさしてテーマがなくて、世間話や雑談だけに終ってしまう月があるかもしれない。単なる雑談に終始するという訪問を加藤所長は嫌う。「訪問する以上は、お客様に対して最低限必要なアドバイスを行なうと共に、経営にプラスとなる提案を常に心がけています」という。そして、「それが出来なければ訪問回数を減らした上で、顧問料も減らすべきです」とも。極めて明快だ。

加藤所長は常に合理的な思考で、何よりお客様の利益を念頭に置いてベストと思われる選択を行なう。所長の行動パターンの根底には、サービスという意識が強く働き、いつもクライアントの利益と満足を追い求めている。

こうした加藤所長のスタンスは決算申告時においても同様で、「法律にのっとりながら、出来る限り節税し、企業の負担を減らす方法を考えています」という。

加藤所長によれば申告の納税額は、依頼する税理士によって異なるという。それは、端的にいえば

加藤税理士事務所はさまざまな事業を展開して
広く社会に貢献することを目差している

経費に対する考え方の違いだそうだ。

「微妙なグレーゾーンにある項目を、経費として認めるか認めないかの判断によって、納税額が変わってくるからです」と説明する。

経費の基準が現行の税法では明確化されておらず、課税庁の税務署判断に委ねられるという現状がこうした事態を招く要因になっているというのだ。

ただそうした現状にあっても加藤所長は、「私はいつも、最後までお客様の味方です」とキッパリ言い切る。

顧客の要望に全てワンストップで対応 些細な悩みでも気軽に相談して欲しい

常日頃加藤所長は、税理士業務のみにとどまらず様々な活動を通じて広く社会に貢献していきたい—との考えを持っている。

「今の世の中、色々な悩みを抱えていても、どこに相談したらいいかわからない方が潜在的に多くいらっしゃいます。そんな方たちのご要望の全てにワンストップで応えられる体制をつくっていきたいと考えています」と力を込める。

加藤所長の事務所では、現在弁護士、行政書士、司法書士、中小企業診断士等とのネットワークを形成している。

「士業の専門家を迅速に紹介でき、探す手間が省けます」とメリットを語る加藤所長は、「敷居の低さも事務所の売り。こんな相談でも大丈夫かなと心配するような些細な事でもお気軽にアクセスして欲しい」と続ける。

「家を建てる際には、大工さんが建物を作りますが、大工さん自身も水道屋さんに水道工事を発注したり、ガス会社にガス管の設置を依頼します」

「大工さんがこうした専門業者に仕事を割り振って一軒の家が出来上がるのです。注目すべきは依頼者（施主）が直接関わっているのは大工さんだけということです」

つまり、家を建てるときの大工が、顧客の窓口となって必要な資材や機材を手当てし、電気やガスなど様々な工事を発注して家を完成させるように、加藤税理士事務所にくれば、顧客の様々なニーズ全てをワンストップで的確に処理できるような存在となることを目指しているというわけだ。

ニーズを捉えた事業展開で社会に貢献 困っている人の力になりたい

顧客の様々なニーズに応えられるように、ワンストップのサービス体制を確立しよう、との想いから、加藤所長はイーケートラスト株式会社を設立し、まず中古自動車の売買事業をスタートさせた。

加藤所長はさらに、若いお母さん方の悩みに応えようと、名古屋市内の自宅を開放して託児所の開設準備に余念がない。保育士を採用すべく運営計画を練っている。

「母親が自宅で子供の世話をするという、実際の子育ての現場を少しでも再現できればという想いです。このため、駅前の雑居ビルなどではなく、民家での託児所開設にこだわりました。閑静な住宅街で、家の前には川が流れ、桜並木もあり環境は抜群です」と自信をみなぎらせる。

加藤所長の事業構想はさらに多岐にわたる。「産業廃棄物の収集や、高齢者に出会いの場を提供するシルバーネルトン。また、英会話講師やパソコンインストラクター等に対して、生徒に教えるための場を提供する「貸しカルチャー教室」など、豊富な事業のアイデアを持っている。

このほか、ストレス社会の只中にあって、健やかでくつろぎの癒しを提供出来れば、ということで柔道整復師の免許取得も計画している。

これらは全て、着々と事業化に向けた準備が進められている。「計画は実行に移さなければ意味がない」と意気込む加藤所長には大きな夢がある。

「例えば、住友グループは銀行や保険、不動産の事業もあれば、金属加工や重工業、建設の事業といったグループとして実に多種多様なビジネスを展開しています。しかし、その住友グループも、元は一人の個人商店から始まり、四百年の歳月を経て形成された財閥組織です。私の理想のモデルはここにあるのです」とアピールする加藤所長。

様々な事業を展開して広く社会に貢献することを目標に、「老若男女全ての方の人生に関わるありとあらゆるニーズに対し、電話一本で応えられるグループを構築していきたい」と目を輝かせる。

昨年三月に発生した東日本大震災の時には、「少しでも何かの役に立ちたい」という想いから繰り返し被災地を訪れ、支援物資を提供するなど復興に力を尽くした。

「今後とも困っている人の力になれるよう精一杯頑張っていきたい」と語る静かな口調に、社会貢献への飽くなき熱意と人情味に溢れる誠実な人柄が滲み出ていた。

PROFILE

加藤 英司（かとう・えいし）

昭和 29 年 3 月 22 日生まれ。愛知県出身。昭和 51 年岐阜大学農学部農芸化学科卒業。昭和 53 年同大学大学院農学研究科修了。カネボウ薬品、伊藤ハム栄養食品など企業勤務でキャリアを積み上げ、平成 7 年税理士登録。平成 8 年加藤英司税理士事務所開設。同年イーケートラスト株式会社設立。税理士。ファイナンシャルプランナー。宅地建物取引主任者。中古自動車査定士。

INFORMATION

加藤英司税理士事務所
イーケートラスト株式会社

所在地　〒 465-0005　愛知県名古屋市名東区香流 1 丁目 324 番地
TEL・FAX　052 ― 778 ― 0501　携帯 080 ― 3398 ― 8307

アクセス　●市バス下坪徒歩 2 分

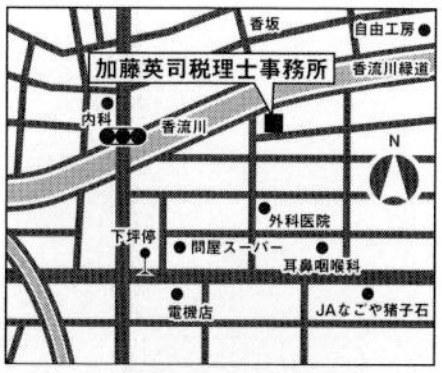

設　　立　平成８年

業務内容　加藤英司税理士事務所は、士業のネットワークを使い、お客様のご相談に応じています。また、イーケートラスト株式会社では税理士事務所と他の事業との立場から、お客様のご要望に沿ったアドバイスをご提供いたします。

『**税務業務**』

申告代理、税務調査の立会等々、日本の税制は所得・財産状況に応じて最も把握できている納税者が自ら税務上の処理をおこなう制度を採用しておりますが税理士は普段見慣れないややこしい処理を一手に引き受け税法に基づいて申告を行います。

税務書類とは税務官公署に提出する書類のことです。届出書・申告書・申請書等の種類があります。

内容は法人税・所得税・相続税・贈与税・事業税・消費税・道府県民税など様々です。

法人においても個人においてもこれらの書類を作成するのは困難であり、そのような税務上の処理を行っています。

中小企業のビジネスドクター
企業の発展・永続に力を尽くす

色々な角度からアプローチして中小企業のニーズに応えていきます

鈴江総合会計事務所
所長　税理士・公認会計士・中小企業診断士　**鈴江　武**

今、全国には七万人を超える税理士が活躍している。全国の弁護士数約三万人と比較してその数はひと際高い。近年の税理士人口増加によって、サービスの質や内容も千差万別で、多様化してきた。

こうした時代背景から税理士の業界は、若い世代を中心にして、一昔前の先生商売からサービス産業へ移行しつつあるのが現状だ。

そんな中、税務業務のみならず会社経営全般にわたって企業の発展に繋がるアドバイスやサービスを提供して、経営者から絶大な信頼を集めているのが鈴江総合会計事務所の鈴江武所長である。

「会社を大きく成長させようと思えば、顧問税理士の選定がとても重要になります。会社の現状を常に把握し、的確なアドバイスを送れるような税理士を見つけて欲しい」と訴える鈴江所長。

昭和四十三年生まれの四十三歳で、平均年齢が六十歳を超える税理士界の中では若手の部類に属する。

一橋大学経済学部を卒業後、第一勧業銀行（現みずほ銀行）に約十年間勤務した。「一度しかない人生を悔いのないように生きたい」と三十歳の時に一念発起して税理士の道を志した。

三十四歳で税理士の資格を取得した後も、「税務だけでなく色々な角度からアプローチして中小企業のニーズに応えていきたい」という想いから、社会保険労務士や中小企業診断士、公認会計士といった超難関資格を次々と取得した。

約十年間の会計事務所勤務で経験を磨き、「自分の経験や知識をより多くの中小企業に役立ててもらいたいと思って独立を決意しました」と振り返る。二〇一〇年に満を持して鈴江総合会計事務所を開設した。

税務の枠を超えた経営アドバイスを実践
企業へのアドバイスは中長期的な視点で

元銀行員であり、税理士の資格と共に公認会計士の資格も保有する鈴江所長は、通常の税理士では手におえない高度な節税策提案や税務相談、税務申告などの税務業務の他、財務体質改善支援や資金繰り支援、資金調達支援など幅広いサポートを行っている。

会計面の指導を通じて強い企業体質を作る鈴江武所長

「会計面の指導を通して強い企業体質を作ることが重要です」という鈴江所長は、さらに中小企業診断士として企業業績改善などの経営アドバイス業務にも力を入れている。

「税金計算や会計指導だけで終わり、という税理士の先生方が多くいらっしゃいます。経営助言に力を入れている先生方でも、経営計画と銘打って机上で損益予測だけをしているケースが多いのですが、私の場合は全く異なります」

経営者と真剣に向き合い、経営者に夢を与え、経営者のハートにスイッチを入れることから鈴江所長の経営アドバイスは始まる。

その上で、決算数値の分析や業務フローの把握、需要動向などの環境分析を通して、売上増強や利益率改善、経費削減などを組み合わせた最適な経営改善プランを会社と一緒に考えていく。

「ただ損益予測だけして、『後は社長で考えて下さい』というような税理士にはなりたくありませんでした。中小企業診断士の資格を取ったのも、お金の計算だけでなく深く企業経営の手助けをしたいと思ったからです」と、とことん経営へのこだわりを見せる。

こうしてクライアントに真摯に向き合う企業経営サポートの一環として鈴江所長が実践しているサービスの一つに〝決算カウンセリング〟がある。

経営者と親しく膝を突き合わせてじっくりと話し合い、会社の現状や社長の想いを詳細にわたってヒアリングする。

「そこで浮き彫りになる現実と目標のかい離を照らし合わせ、どうすれば目標を達成出来るのか。この問いに対する様々な解決策をお客様とともに考えて行きます」

そして鈴江所長が「もう一つの私のライフワークとしたい分野」と力を注いでいるのが『事業承継』である。

事業承継をライフワークに後継者の意識改革を徹底

「事業承継というと相続をイメージされる方が多いのですが実際は全く違います。事業承継には、相続の対象となる事業用財産や株式の承継以外にも、ヒト（従業員）の承継や、経営権（経営理念や経営ノウハウ等）の承継も必要になります」

鈴江所長によれば、先代経営者の意思を汲みつつ、会社を経営していく強い覚悟を持った後継者に会社を託すという事が重要なポイントだという。

企業経営サポートの一環として好評の決算カウンセリング

高齢社会の進展とともに、企業経営者の平均年齢の高齢化も顕著になってきた。こうした中で鈴江所長は、事業承継の問題は間もなく経営上の大きな問題に発展するだろうと警鐘を鳴らす。

「経営者と後継者にお伝えしたいのは、安易な事業承継はしないで頂きたいということです」という鈴江所長。

「家族や身内だからという理由だけで会社を引き継いでも、多くの場合上手くいきません。まずは経営者と後継者がしっかりコミュニケーションを取っていただきたい」と訴える。

鈴江所長の手掛ける事業承継はまず、後継者に将来の経営者としての自覚を植え付ける事から始まる。

「事業承継は後継者が主役にならないといけません。それは会社の〝後を継がされる〟という受け身の意識ではなく〝次期経営者として絶対成功してみせる〟という強い決意と覚悟を持って事業承継に臨んで欲しいということなのです」と熱っぽく語る。

鈴江所長は、後継者にはまず経営者として持つべき心構えを徹底的に叩き込む。その上で「経営者として必要なノウハウを詳細に伝えていきます」という。

これから経営を引き継ぐ会社の現状を正しく理解してもらうと共に、経営者としての思考回路の強化や、経営権掌握のために必要なスキルを伝授していく。

「要は経営者としての自覚と実務的な経営ノウハウ。この二つをしっかりと身に付けることです」

と説明する。鈴江所長の所属する民間の団体である〝後継者の軍師〟では、このような後継者支援を専門に行い、事業承継に積極的な取組みを行っている。

日本経済を支えるのは強い経営者
事業承継に際して先代と後継者で経営計画作成を

「今後は〝後継者の軍師〟としての活動をもっと大きなものにしていきたい」と語る鈴江所長。これだけの強い意思を持って後継者支援に取り組む背景には鈴江所長の壮大な想いがある。

「日本の企業の99％は中小企業で占めているのが現状です。日本経済を実質的に支えている中小企業を強くすることは、日本経済を強くし、その成長を確かなものにして景気の安定、向上に繋がっていくのです」と強い口調で語る。

鈴江所長はさらに、「強い後継者をどっしりと据える事が出来れば、どんな荒波も乗り越えていける強い企業体質を作ることができます」と言い切る。

これまで多くの事業承継を手掛けてきた鈴江所長だが、「事業が承継される際に、先代社長と後継社長が協力して経営計画を作成するためのお手伝いができれば」という。

新しい経営者を迎える企業の五年、十年後のビジョンを頭に描いて、それに即した具体的な目標を策定していくのである。

「先代のもつ知恵や経験と、後継者の若い力をミックスさせる事が出来ればその企業に相応しいオンリーワンの経営計画の策定に繋がっていく」と語る。

経営計画の作成を通して後継者は先代の経営理念を引き継ぐ。これによって後継者は、会社の

後継者の軍師として後継者支援活動で熱弁を振る鈴江武所長

実情を細部にわたって理解し、認識する事が出来る。

さらに「計画の作成に従業員も巻き込んでいくことによって、ヒトの承継も可能になります」とメリットを強調する。

税務の枠を超えた経営サービスを提供する鈴江所長は、独立後事務所を開設して二年目を迎える。

現在顧問として受け持っている企業は、不動産・建設・製造・飲食・卸売・サービス業など実に多岐にわたる。

「全くのゼロからのスタートだったので、開業当初は苦労も絶えず不安で一杯でした」と当時を振り返る。

「今は事務所を拡張し、スタッフを雇う事も出来ました。ようやく軌道に乗ってきたという感じです」

これからの展望について鈴江所長は、「私の理念や目的に賛同してくれる多くのスタッフと共に活動規模を拡大し、多くの企業経営者のお役に立ち、信頼され、親しまれる地域のビジネスドクターを目指していきたい」と胸を張る。

士業のネットワークであらゆる悩みに対応
聞き役の徹底で想いを汲み取る

またワンストップでのサービス提供にもことのほか力を尽くしていく考えだ。「企業経営のあらゆる悩みの相談窓口の役割を果たしていきたい」と、弁護士、社会保険労務士、司法書士などの各士業との強固なネットワークを構築している。

「どんな悩みでも結構です。一度是非相談に来てください」と呼びかける。

ビジネスドクターとして企業に様々なサービスを提供する。そんな鈴江所長はクライアントと接する上でも独自の心がけを持っている。

「とにかく相手の話を聞き、一通り聞き終わった段階でアドバイスを送るといったスタンスで臨んでいます」というように、ひたすら聞き役に徹し、相手の想いを十二分に汲み取っていく。

鈴江所長から話を切り上げるようなことは決してしない。「気が付けば四時間も五時間も過ぎていた、なんていうことはざらにあります」と笑う。

明らかに相手が誤解したり、間違えていると分れば指摘することもやぶさかではないが、「あからさまに否定するのではなく、〝こういう考え方もありますがどうですか？〟といった具合に相手とは異なる提案をします」と気配り、心配りの大切さを説く。「これによってお客様自身で間違っている事に気付き、納得して貰い、正しい結論へと導いていくという進め方をとっています」

どんなに優れたアドバイスや提案であっても、経営者の理解を得られなければ、経営に反映される事は少ない。

「そういう意味からも相手に意思を伝える方法は、この上なく気を使う部分です」と結ぶ鈴江所長だ。

クライアントの満足をどこまでも追求
多くの人から愛される事務所を目指す

こうしたキメ細かな配慮を含め、鈴江所長はクライアントの満足度を追求する姿勢を徹底して崩さない。初めて仕事を受け持ったクライアントに対して鈴江所長は、「サービスに満足頂けなかったらお金は頂きません」と事前に伝える事もあるとか。

「私たちの仕事は、目に見えないサービスを商品として売っているのです。お客様がどれだけ満足して頂いているかどうか…。このデリケートな部分を一番大切にしなければいけないのです」

これまでも鈴江所長は出来るかどうかわからない困難な仕事を引き受け、結果クライアントの予想を超えるサービスを幾度となく提供してきた実績をもつ。そんな時は「何より自分自身嬉しいですし、自信に繋がりますね」と目を細める。

「事務所の規模が大きくなり、スタッフが増えても、お客様の満足を追求する姿勢は絶対にブレないようにしていきたい。高品質なサービスを常に提供し続け、多くのお客様から愛される事務所を目指していきたい」と決意を新たにする鈴江所長である。自ら多くの資格を持ち、それぞれの団体や学会が主催する研修会、勉強会に積極的に参加するなど常に自己研鑽を怠らない。

「人に話を聞いてもらおうと思えば、人の二倍も三倍も努力しなければ絶対にダメだ、と常に自分に言い聞かせているのです」

笑みを絶やさない鈴江所長に、誠実さとユーモアが混ざった魅力あふれる人柄を見る。

PROFILE

鈴江　武（すずえ・たけし）

昭和 43 年 11 月 20 日生まれ。徳島県出身。1991 年一橋大学経済学部卒業後、第一勧業銀行（現みずほ銀行）入行。2001 年公認会計士松井章事務所入所。2007 年監査法人東明会計社で監査業務を兼務。2010 年鈴江総合会計事務所開設。税理士。公認会計士。中小企業診断士。社会保険労務士試験合格。後継者軍師会会員。近畿税理士会。公認会計士協会近畿会。中小企業診断協会大阪支部。中小企業診断協会企業再生研究会。モットーは“なせば成る”。

INFORMATION

鈴江総合会計事務所

所在地　〒 541 － 0046　大阪府大阪市中央区平野町 1 － 8 － 13
平野町八千代ビル
TEL　06 － 4963 － 3792
E-mail　suzue@suzueoffice.com
URL　**www.suzueoffice.com**

アクセス
●京阪線、地下鉄堺筋線北浜駅 5 号出口から徒歩 2 分
●地下鉄堺筋線、同中央線堺筋本町駅 12 号出口から徒歩 6 分
●地下鉄御堂筋線淀屋橋駅 11 号出口から徒歩 9 分

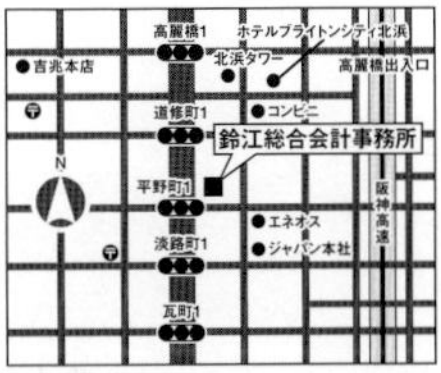

設　立　平成 22 年 10 月

経営理念
① お客様から真に必要とされる専門家集団として、誠心誠意、お客様の発展に貢献する。
② 事務所と事務所構成員、お客様の 3 者が、均衡のとれた最大幸福を実現する。
③ 専門家集団として、法令を順守し、知識・経験の研鑽に努める。

5つの遵守事項
① お約束した頻度で訪問あるいは来所面談を行います。
② お客様には、分かりやすい言葉で十分な説明を行います。
③ お客様のご相談には親身に対応します。
④ お客様が、不愉快となるような応対は致しません。
⑤ お客様のご依頼には迅速に対応します。

決して行わないこと
① 脱税扶助等の法令違反
② 粉飾決算の関与
③ 反社会的勢力との取引

相続・事業承継のスペシャリスト
もてなしの心で高品質のサービスを提供

質の高い仕事を継続して顧客の信頼の輪を広げていきます

鈴木一正公認会計士税理士事務所／株式会社ファミリーオフィス
所長　公認会計士・税理士　**鈴木 一正**

Close up Interview

お金のかかわるところに税あり。消費税や所得税、法人税や事業税など国の収益源となる税の種類は非常に多岐に渡っている。

そんな税に関する専門家が税理士という職業だ。個人や法人の税務相談や申告などを代行し、スムーズな税務処理をサポートしている。

税金は種類が多いことから、最近では特定分野に特化した税理士も年々増加している。

こうした中で、鈴木一正公認会計士税理士事務所の鈴木一正所長は税理士・公認会計士として税務全般をカバーする。

一方、相続税を始めとする資産税に精通し、さらに世界の税制事情にも明るい、頼もしい士業エキスパートとして注目を集めている。

「質の高いサービスをお客様に提供することはもちろんですが、常々ホスピタリティ精神を意識した対応を心がけています」と穏やかな表情で語る鈴木所長は現在四十二歳の働き盛りだ。

東京の出身で慶応義塾大学商学部を卒業。「公のために尽くす公認会計士という職業に惹かれました」と公認会計士を志し、大学卒業後に資格取得に向けた勉強を始めた。

一九九八年に公認会計士試験に合格し、東京・大阪の監査法人で十一年間勤務した経歴を持つ。

「この時の勤務経験が今大いに活かされています」と鈴木所長は振り返る。

昨今重要視されているファミリービジネス（同族経営）訴訟が起こる前の未然防止が重要

監査法人での勤務時代、外資系金融機関の監査等を通じて海外の税制度や資産運用のノウハウなどを学び、実践的知識と実務経験を蓄積していった。

そんな鈴木所長は業界の研究を進めていくうちに、ファミリービジネス（同族経営）の重要性を強く感じるようになった。

なぜ今同族経営が重要視されているのか。「それは、戦後まもなく戦災復興と共に会社を興して営々と事業を営み、会社を継続してきた創業経営者たちが、六〇年を経て世代交代が相次いできたためです」と鈴木所長は説明する。

経営者であり資産家である彼ら、戦後間もない創業者たちは、一方で事業のスムーズな承継と資産の効率的な運用という二つのニーズを強く求めるようになった。

資産の運用に関して鈴木所長は「日本国内のみでの資産保有はリスクが大きすぎる」という見解を持つ。

「資産を運用する際に考えなければならない哲学の一つに〝卵を一つの器に盛ってはならない〟というものがあります。これはリスクを分散すべきということです」という。

つまり日本国内だけで資産の蓄積や運用を考えるべきではないということなのだが「にもかかわらず広く海外での資産運用を視野に入れず、国内での運用のみを勧める専門家があまりにも多い」と苦言を呈す。

「今、国内には海外の税制や経済状況を的確に把握している専門家がほとんどいないというのが実情なのです」と嘆く。

こうした現状から、鈴木所長はこれまで培ってきた自身の経験やノウハウを活かして、海外での法人設立や海外の金融機関を視野に入れた資産の運用・管理の税務サポートを実践する事務所を作ろうと独立を決意した。

二〇一〇年に税理士登録も行い、翌二〇一一年一月に満を持して株式会社ファミリーオフィスを設立。新たなスタートを切った。

ファミリーオフィスでは資産運用の税務サポートを行う

価値を毀損しない事業の承継こそが大切
何より最優先するべきは相続税の資金確保

設立から二年目を迎えたファミリーオフィスでは今、資産の価値を様々な要因から守り、次世代へと引き継ぐサポートを一手に引き受ける業務を中心に展開している。

「資産の引き継ぎというのは個人であれば相続になり、法人であれば事業の承継という形で行われます」と鈴木所長。

このことから、経営者が資産の引き継ぎを行う場合は個人で所有する資産の相続と共に、事業の承継も行わなければならないというわけだ。

しかし現実には、「事業承継のノウハウが日本ではまだ浸透していない」と鈴木所長はいう。「資産というと現金や有価証券、不動

相続、事業承継のスペシャリストとして注目を集める

産を想像する人がほとんどですが、会社で行われている事業も一つの立派な資産であるということをまずは理解して頂きたい」と訴える。

「会社で働く従業員、そこで生み出される商品やサービス。また社内で運用される資金など、会社経営の三大要素である〝ヒト・モノ・カネ〟がトータルに一体化されたものが事業であり資産なんです」と説明する。

さらに鈴木所長は、この事業という名の資産を承継する際には価値を毀損しないようにすることが重要だと強調する。

「例えば一億の資産があれば、運用次第で利子だけでの生活が可能です。しかしこれが五千万になってしまうと、当然利子も減ってしまう。資産価値がなくなるとはこういうことです」

鈴木所長によれば、資産は価値を生み出すために存在するべきであるという。

「したがって、価値を生み出す資産の切り崩しは、管理の方法としては下の下であり、やってはいけないことなんです」と言い切る。

「こうした資産を切り崩してしまう恐れを招く原因の一つが相続税です。事業承継の場合でも税がかかってくるということを必ず考慮に入れなければいけません」

相続税を計算に入れていないばかりに、税の支払い資金をねん出するため、事業の一部売却を余議なくされるケースも多いという。

「事業は全体として価値が出てくるものですから一部でも売ってしまうと価値が損なわれる可能性がでてきます」と鈴木所長。

こうした事態を防ぐためにも、事業承継の際は、相続税を払えるだけの資金を予め用意しておくことが重要になる。

「資産に手を出さないということが大きなポイントになります」と強調してやまない鈴木所長である。

厳しく人間力が試される相続・事業承継
生前の取り決めがなければ法定相続に

こうした事業承継に加えて個人の相続にも当てはまる大きな問題として「資産の配分」がある。これに対しては「相続や事業承継は人間の利権が絡む問題という性質上、スムーズに進めるのは至難のわざなんです」とその難しさを語る。

人間には誰しも見栄やプライド、欲があり、受け継ぐ側は少しでも多くのモノを主張し勝ちになる。

「その意味で、相続とは人間の本当の力が試される大きなできごとといっても過言ではありません」と鈴木所長。

生前、個人資産の相続に関する取り決めをしていなかった場合は、総資産の半分が妻に渡り、残りの半分を子供が平等に分け合う——という相続法に従った手続きを踏むことになる。

鈴木所長は、「実はこの場合が最もやっかいなんです」と切り出す。

「何故かというと、家屋や土地などの不動産や事業などが相続の対象になると、法定相続にした

相続対策は早い時期に専門家に相談を

がって明確に分けることが非常に難しくなるからです」

　相続をめぐって争いの火種になるのがこのケースだという。とくに両親共にいない場合、兄弟姉妹のみでの協議を余儀なくされると、ひと世代上の世代がいない分だけ、相続争いの決着もつきにくくなってしまうケースが多いのだ。

「相続法の取り決めは、もともと争いを前提に想定されていないため〝相続は法律に任せてしまう〟という考え方はお勧めできません」と鈴木所長は言い切る。

　こうした事態になった場合、鈴木所長は連携する弁護士と協力しながら、相続人同士の仲を取り持つ作業に力を注いでいく。

「いくら法律があるといっても、結局は人間関係のこじれを修復しないと相続は一歩も前に進みません」というのだ。

　要はお互い合意、納得ができる人間関係を築き上げたうえで、法に従って資産を配分していかなければならないというわけだ。

予め遺言書を作成して相続争いのない引き継ぎを
最も重要なのは親子のコミュニケーション

　こうした争いを起こさずに、円満に相続や事業承継をスムーズに進める最良の方法が遺言書の作成である。

「資産を残す側が元気なうちに、残される側の将来を考えてあげることが大切で、その最良の方法が遺言書の作成です」

まずは被相続人としての自覚を持ち、自分に資産がいくらあるのかを把握した上で、誰にどのように分配するかを具体的に考えていく。

「相続される資産は元はと言えば被相続人のものです」

このことから自由な裁量での分配が前提となっているが、「相続法には遺留分という取り決めがあり、遺留分によって遺言の効力が打ち消されることもあります」と鈴木所長は説明する。

相続人に対する最低限の保障制度が遺留分の本質だが、これは主張して初めて効果が発揮されるものなのだ。

「例え法定相続分（遺留分）を超えた遺言書を作成したとしても、相続人が納得すれば成立させることが出来るのです」という。

基本的には遺留分を考慮した遺言書を作るべきだが、「誰かの意図を排除してでも、誰かに多く継がせたい場合は遺留分を無視した形での遺言書を作ることも一つの方法です」

遺留分を主張されないように事前の話し合いは必要だが、こうすることで法律を超えて被相続人の意思を実現させることが出来るようになるのだ。

「結局は継ぐ者、継がれる者同士のコミュニケーションが一番大切になってくるのです。親と子の間で何でも言い合える関係を作っておけば、皆が納得した結論を導き出すことが出来るし、争いが起きることなく資産の引き継ぎを行うことができるのです」

鈴木所長によれば、家族間のコミュニケーションが上手くいっていなければ、いくら完璧な遺言書、事業承継計画があっても簡単にはことが運ばないという。

後継者がいない場合はM&Aの実施を質の高い仕事で信頼獲得に繋げていく

「問題は寝たきりや病気になってコミュニケーションが取れなくなってしまった時です。こうなってはどうする事もできませんので、相続の対策は早い段階で専門家に相談してほしい」と訴える。

相続や事業の承継の問題は、相続する人間がいるということが前提だった。しかし鈴木所長は、相続人がいない場合の事業承継にも力を入れて取り組んでいる。それが事業のM&Aである。

社会的に存在価値があり、従業員も多く雇用している企業が、後継者がいないばっかりに廃業してしまうことは社会的にも大きな損失を招くことになってしまう。

「こうした場合には、事業を引き継ぐ人を探し出してきて、譲渡ではなく買って貰う形をとるのがM&Aです」

今、鈴木所長は、こうしたケースの売り手と買い手のマッチングに力を尽くしていこうとしている。外資本を日本に呼び込むチャンスに繋がる」と力を込める。

資産の運用・管理のアドバイスから、相続や事業承継、M&Aによる資産の引き継ぎで資産家や経営者を支える鈴木所長。地元の金融機関とのネットワークも着実に構築し、仕事のフィールドも広がりつつある。

「質の高い仕事を継続的に行うことで、幅広い層の多くのお客様から信頼して頂ける事務所を目指していきたいです」と瞳を輝かせる鈴木所長。

温厚で誠実な人柄と、仕事への熱い想いが印象的だ。

PROFILE

鈴木 一正（すずき・かずまさ）

1970 年 1 月 1 日生まれ。東京都出身。慶應義塾大学商学部商学科卒業。卒業後公認会計士を目指し大原簿記学校へ。98 年公認会計士試験合格。同年青山監査法人入社。外資系金融機関の監査に従事。2000 年中央青山監査法人入社。金融部で資産運用業・資産管理業監査に従事。06 年あらた監査法人入社。ファイナンシャルサービス部で資産運用業監査に従事。翌年同監査法人大阪事務所に異動。コマーシャルサービス部でオーナー企業監査に従事。10 年税理士資格取得。同年鈴木一正公認会計士税理士事務所設立。11 年株式会社ファミリーオフィス設立。代表取締役。
公認会計士・税理士。日本公認会計士協会近畿会所属。近畿税理士会茨木支部所属。一般社団法人事業承継学会会員。ファミリービジネス研究所会員。茨木商工会議所会員。経済産業省中小企業支援ネットワーク登録専門家。大阪彩都総合研究所登録専門家。優和会計人グループ会員。一般財団法人日本M＆Aアドバイザー協会会員。家族は未来夫人。

INFORMATION

鈴木一正公認会計士税理士事務所
株式会社ファミリーオフィス

所在地
〒 567 － 0884　大阪府茨木市新庄町 10 － 6 － 403 号
TEL・FAX　072 － 601 － 4208
E-mail　info@familyoffice-consulting.co.jp
URL　**http://www.familyoffice-consulting.co.jp**

アクセス
●阪急電鉄京都線、茨木市駅から歩いて 8 分

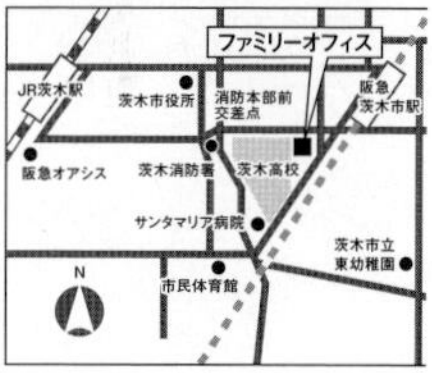

設　立　平成 22 年 10 月

営業時間　月－金　午前 10 時－午後 5 時

業務案内
●資産防衛コンサルティング業務
●相続・事業承継コンサルティング業務
● M&A アドバイザー業務
●法人・個人税務顧問業務
●その他会計・税務・監査業務

Business Doctor

中小企業の最強応援団
頼れる身近なビジネスドクター

中小企業の身近なビジネスドクターになりたい

埇田（そねだ）税理士事務所
所長　税理士　**埇田 弘之**

Close up Interview

今現在、全国の税理士数は七万人を超える。弁護士など他の士業人口と比べてもその数はひと際多い。顧客獲得競争が激しさを増す中で、都市部を中心とした全国の各税理士事務所は、昨今の経済不況の影響から、従来の税務業務に加えて新たなサービスを打ち出しつつある。

例えば、ホームページなどによる営業活動を展開して、他の税理士事務所との差別化を図ろうという動きがそれで、最近とみに活発化してきた。

一方、依頼する側からすれば、信頼の置ける優れた人材に税務を任せたいと誰もが考えている。

こうした中で、奈良市に事務所を構える埇田税理士事務所の埇田弘之所長は、元大手企業のサラリーマンという経歴と人一倍の勤勉さから得た豊富な税務知識を武器に、近畿圏内のクライアントから大きな信頼を集め、自らのファンを拡大させている気鋭の税理士である。

月に一度の訪問で経営をコンサルティング
士業同士のネットワークを駆使

近鉄奈良線学園前駅から歩いてすぐという好立地にある事務所は、埇田所長自身もお気に入りの場所だ。「良い所が空いていた。お客様が足を運ぶ際も楽だし、場所の説明もしやすいですからね」

独立したのは今から四年前の平成二十年。この時は六畳一間の自宅だった。平成二十三年、事務所経営も軌道に乗り始めたのを契機に現在地に移転した。

「家族を養っていかなければならない分、独立当初は資金繰りなど大変なことが多かった」

こう振り返る埇田所長自身、大阪に生まれ中小企業経営者の息子として幼少時代を過ごした。

「当時顧問で訪問してくる税理士を身近にみていたことが、税理士という仕事に興味をもったきっかけだったと思う」と当時を振り返る。

大阪府の高校を卒業後、一橋大学経済学部へ入学。卒業後は大手食品メーカーへ入社した。営業やマーケティングをこなし社会経験を積み上げていくなかで、税理士への憧れが再燃していった。

こうして一念発起し、会社を退職して税理士事務所で勤務する。憧れていたにせよ、思い切った転身で一八〇度違う世界へ飛び込んだわけだ。

仕事の傍ら資格取得に向けた勉強に励んだ。そして平成十四年に税理士資格を取得。八年間の事務所勤務を通して実務を徹底的に叩き込み、満を持しての埇田税理士事務所開設となった。

「業務のベースとしてはお客様から顧問料を頂いての経営サポートです。顧問先へ月に一度訪問し、データに間違いがないかをチェックします。売上や仕入、経費などの記帳は細かな指導の下、お客様自身でやって頂き、チェック役が私です」という。

それは「お客様自身で記帳をして頂くことでタイムリーに業績を把握して貰えるから」だそうで、「会社が今どのような状態にあるのか、ということを社長自身が実感して貰うことで、経営のかじ取りをスムーズに行えるメリットが生まれます」と説明する。

会計帳簿の証拠力が格段に向上
面談で本音をぶつけ合って意見交換

埇田所長はさらに、「自社で記帳を行い、巡回監査、月次月算を行うことで会計帳簿の証拠力は

正しい申告と適法な節税を徹底的に実施する埇田所長

格段に上がり、税務署や金融機関などからの信頼度は抜群に高くなる」と続ける。

もちろん埇田所長の訪問は記帳チェックだけで終わらない。データを下にした社長との面談が始まるのだ。

「社長の顔色や様子を伺いながら、本音をぶつけ合い、悩みごとを汲み取って意見の交換を行っていく。一緒になって悩み、考え、経営にプラスになる提案をする。試行錯誤の繰り返しですが、やりがいを感じるところです」という。

面談は、「基本的にまず今後の予算を立てて貰います。半年、一年の短期計画から、場合によっては五年計画の場合も。社長自身の描く企業の今後を踏まえ、それに向けた経営計画を作っていきます。目標が達成できなければ何が原因だったのかを詳細に突き止め、数字の上からわかることがあれば社長に伝え、気付きを与えられるようなアドバイスを送るようにしています」と埇田所長。

こうした単なる税務サポートから、一歩踏

資産管理など個人的なアドバイスも業務の柱はあくまで会計税務

ライフワークと位置づける講演・セミナー活動を精力的にこなす

み込んだ経営アドバイスが埇田所長の真骨頂であり、本来の力を発揮する場となる。

「融資先の紹介や資金計画、事務作業の合理化などのアドバイスも多い。他に経営や労務の相談も多いのですが、必要となれば連携する社労士や弁護士の先生を紹介しています」強固な士業同士のネットワークも埇田所長の強みだ。

訪問時の記帳チェックや経営のコンサル業務に加え、力を入れているのが社長個人に対する資産管理などの相談・アドバイスである。

土地や建物など個人資産の管理や、相続・事業承継、さらに生命保険の見直し、加入まで全て専門的なアドバイスを送ることができる。

「会社の社長といっても個人としての一面は誰だってもっています。会社の事業経営プラス社長個人の家庭の経営、という両面から相談に応じる形で業務を行っています」

広大な土地の所有者など、個人資産家が多く存在するという奈良の土地柄も、埇田所長が資産管理・アドバイスに注力する所以だ。

「今後、事務所の規模が大きくなろうとも、拠点は奈良に置き、この地に根を張った形で仕事をしていくつもりです」とキッパリ語る。

税理士という枠を飛び出し、様々なサービスをクライアントに提供する埇田所長だが、基本はあくまで企業経営のサポートだ。木の幹となる税理士としての業務の柱があるからこそ枝分かれのように、様々なサービスや活動が行えるというわけだ。

「私の専門はあくまで数字を管理する会計と税務の分野。業績を上げたいと真剣に考えている中小企業経営者の最強の応援団が自分の目指すべき姿です」と、会計を通じて企業経営の支援を行い「中小企業の身近なビジネスドクターになりたい」と言葉に力が込もる。

埇田所長自身の税理士としてのあり方や、業務のスタイルを形づくってきたのは、これまでの経験の積み重ねによるところが大きいが、ＴＫＣ全国会の存在もまた、多大な影響を与えてきた。

「以前勤めていた事務所が入会していて初めてその活動内容を知りました。税務署と納税者の間に入り、公平な立場で税務を行っていこうじゃないか、というのがＴＫＣ全国会の理念です。当たり前のことのように聞こえますが、この当たり前がなかなか出来ていないのが現状です。この現実から発足した組織がＴＫＣ全国会なのです」と説明にも力がこもる。

「一方が得をするのではなく、正しい申告と、適法な節税対策を徹底的に実施し、ルールにのっとった適正な納税を、というのが基本的な考えです。周知の通り納税は国民全体の義務という決まりがあり、公共性の高い仕事です。こうした自覚を常に持って、仕事を全うするように心がけています」

一九七一年に結成されたＴＫＣ全国会は今年で四十一年を迎えた。一万人を超える税理士が登録する同会は、租税正義の実現と他人の喜びを自分の喜びにという自利利他の精神の下、企業の経営を応援しているのだ。

埔田所長は、ＴＫＣ南近畿会奈良支部副支部長を務め、日々ＴＫＣ全国会の理念を順守し実践している。

ワンストップサービスの実現を目指す埔田税理士事務所

数十社を超える顧問先を一手に引き受け講演・セミナー活動を自らのライフワークに

確固たる信念の下、税理士業に邁進する埔田所長。独立して四年を迎えるが、顧問先の数も順調に伸ばし、現在数十社を超える企業の経営サポートを一手に担っている。

受け持つ業種は多岐に渡り「製造業から、広告制作会社、携帯ショップ、インターネット配線、不動産管理など多種多様。依頼があれば基本的にはどんな業種でも受けさせていただいており、今後は公共性の高い社会福祉法人などにも力を入れていきたい」と意気込む。

顧問先への訪問や営業活動で、通常、昼間は事務所にいることはほとんど皆無に近い、という多忙な毎日だ。

こうした多忙な中でも、埔田所長が合間を縫って力を入れて取り組んでいるのが講演、セミナー活動だ。

「商工会議所やＴＫＣ、ハウスメーカーなどからの依頼が多いです。テーマもその時々で様々ですが、やはり自分の得意分野である業績アップの秘訣や資産の有効活用など、経営や資産管理のコンサル的な内容が多いですね」

土日にセミナーが入ることも多く、この場合は休日返上での活動となるが、疲れを見せる事なく精力的にこなしている。

「人前で話すことが昔は苦手でしたが、今は完全に慣れて楽しく喋らせて貰っています。自分の性に合っていたんでしょう」と苦笑する。

聴衆に有益な情報を発信することに加え、埇田所長自身、セミナーを通してクライアントの新規開拓にも繋がり、「今後もライフワークとして積極的に取り組んでいきたい」と意欲満面だ。

他士業の雇い入れでワンストップサービス書面添付を通じて社会的使命を果たす

目まぐるしく過ぎていく毎日を楽しんでいる感さえある埇田所長。今後のビジョンを聞けば、「税理士や社労士、司法書士など優れたプロフェッショナルを揃えて、事務所を組織化していきたい」という答えが返ってきた。

事務所を拡大し、より多くの会社をサポートすると共に、ワンストップのサービス実現に向けての環境も整備していくことを強調する埇田所長だが、「お客様にとってどのようなサービスを提供することがベストなのか、を常に考えながら事務所の形態を考えています」とあくまで顧客第一主義を忘れない。

「規模を大きくする際に気をつけなければいけないのは、数字の間違いや提出期限の誤りなどの単純ミスです。自分で全てやっている分には安心ですが、職員に任せるようになればダブルチェック、トリプルチェックは徹底しないといけません」

税理士という仕事の特性上、申告にわずかな見過ごしがあるだけで税務訴訟に発展し、業務停止や資格のはく奪という重いペナルティを科せられる場合がある。常にリスクと背中合わせにあるところが、税理士という職業の宿命なのだという。

「税務・会計はパーフェクトでないと価値はないのです」と語る。「そのためには、当たり前のことを当たり前に、丁寧にこなしていく事が大切です。さらに税理士の責任を果たした事を書面添付によって明示することで、税理士に対する社会の期待に応え、より多くの信頼を勝ち取っていくことになるのです」と力説する埇田所長である。

妻と三人の息子を持ち、今年四十九歳。経済評論家である勝間和代氏の三毒追放〝妬まない・怒らない・愚痴らない〟を信条に日々税理士活動に勤しんでいる。

「将来は事務所を法人化し、大阪と東京に支店を出し、私自身は経営の相談とセミナー活動に専念できるような形でやっていきたいですね」と快活に笑う。誠実な人柄の中に熱い闘志が燃える行動派税理士である。

PROFILE

埇田 弘之（そねだ・ひろゆき）

昭和 37 年 7 月 4 日生まれ。大阪府出身。大阪府立高津高等学校、一橋大学経済学部卒業。昭和 62 年大手食品メーカー入社。営業、本社マーケティング室勤務。平成 12 年大阪の税理士法人へ入社。平成 14 年税理士試験合格。平成 15 年社会保険労務士試験合格。平成 20 年独立、埇田税理士事務所開設。平成 23 年事務所移転。

税理士、社会保険労務士。家族は妻と 3 男。趣味は読書、空手、ゴルフ。近畿税理士会奈良支部総務副委員長。近畿税理士会奈良支部業務対策副委員長。奈良県社会保険労務士会。ＴＫＣ南近畿会奈良支部副支部長。ＴＫＣ南近畿会奈良支部創業・経営革新支援委員長。ＴＫＣ南近畿会奈良支部ニューメンバーズ・サービス委員会特別委員。

著書に“わかりすぎる税金入門”（ＴＫＣ南近畿会積水ハウス部会ニューメンバーのための会著）。セミナー・講演実績多数。KBS 京都ラジオにレギュラーコメンテーターとして出演。

INFORMATION

埇田（そねだ）税理士事務所

所在地　〒 631 － 0036　奈良県奈良市学園北１－１－１２
和幸ビル３階
TEL　0742 － 93 － 9351　　FAX　0742 － 93 － 9352
E-mail　soneda-hiroyuki@tkcnf.or.jp
URL　**http://www.soneda-tax.com/**

アクセス　●近鉄奈良線学園前駅北口より徒歩１分

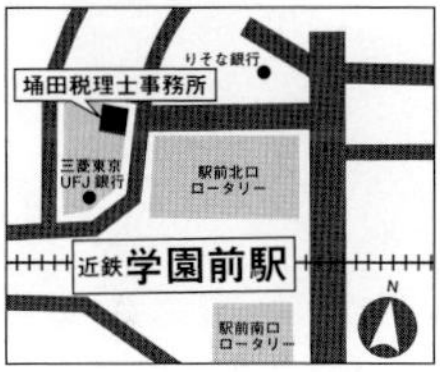

設　立　平成 20 年 11 月

業務内容　税務・会計業務
社会保険・労務関係業務
経営コンサルティング業務
相続・事業承継・資産管理コンサルティング業務

経営理念　経営環境が日々変化するようになった現在では、お客様の作業の代行をするということだけでなく、「会計を通じて企業経営の支援」をさせていただくことが、事務所の重要な役割であると考えます。

会計や税務はもちろん、お客様の経営課題を解決し、「経営者が事業に専念することができる」ようなサービスを提供させていただくことが目標です。

また、相続や事業承継を含めた資産管理コンサルティングも力を入れています。

現場でたたき上げた税務調査対策のエキスパート

豊富な経験とノウハウで企業経営をサポート

常に先手を打って迅速に問題の解決に当たります

宮﨑税理士・行政書士事務所
所長　税理士　宮﨑　浩記

税金の申告・手続き業務に加え、起業から相続・事業承継まで幅広くサポートする税理士が増えている。

近年ネットやコンピューター技術の発達によって優れた会計ソフトが普及し、申告などは自社で済ませてしまう企業もあり、税理士の有り方が昔と比べて随分と様変わりしてきているのだ。そして今、単なる税金管理にとどまらず経営に深く関わって企業サポートを実施する税理士が、若い世代を中心に増えてきている。

税理士自体の数も年々増加の一途をたどり、現在では全国に七万人が税理士登録している。

今や税理士の業界はクライアントの獲得競争が激しさを増し、それぞれの税理士事務所では、顧客確保のためにホームページなどでの営業活動や税務プラスアルファのサービス事業を提供する動きが活発化している。こうした中、大阪市中央区で宮﨑税理士・行政書士事務所を経営する宮﨑浩記所長は、国税局時代に培った経験を大いに生かして活躍している。

とくに、元国税局員のキャリアを生かした実践に即した経営アドバイスは幅広いクライアントから絶大の信頼を集め、さまざまな業種の経営者から高い評価と注目を集めている。

二十六年の国税局勤務で千件を超える税務調査
現場での仕事にこだわり平成二十一年に独立

大学を卒業後宮﨑所長は、「学生時代から税金に関して人一倍興味があった」ことから大阪国税局に入局した。「大阪国税局での勤務時代は、多くの税理士先生や経営者の方と接して、様々なケースの税務調査を経験してきました」と振り返る。

平成24年2月に発足した相続支援センターのメンバーたち
（左から外山弁護士、宮﨑税理士、西本税理士、橋本司法書士、田中税理士、宮西税理士）

当時、局内で局長表彰を受賞するなど、二十六年の勤務の間に千件を超える税務調査を経験したという。

順調なキャリアを築いていたかに見えた宮﨑所長だったが、「上の役職を任せられるにつれ、現場に行く事が出来なくなってきたのが辛かった」と管理職という仕事に対して、「違った意味で物足りなさを感じていた」と振り返る。

「税理士に転身しようと決意したのは丁度この時期でした」

宮﨑所長は実務の経験で得た知識やノウハウを活用して、世の経営者を助けたいという想いが募っていった。

こうした想いが税理士としての独立を決意するに至ったという。「国税局員として後進を育成するという道もありましたが、経営者の方々と接することができ、何より現場で仕事をすることが私の望みでした。私にはそれが一番性に合っていると思います」と胸の内を語る。

やがて国税局勤務に終止符を打ち、平

成二十一年に税理士登録し、同年宮﨑税理士事務所を開設して独立を果たした。地下鉄谷町線天満橋駅三番出口から徒歩一分という好立地に恵まれた事務所だ。

「駅の近くなので、事務所に来られる人も助かります。大阪国税局も目の前にあり、本当に便利でいい場所が空いていたものだと思います」と目を細める宮﨑所長。

将来を見据えた事業計画、経営プランを提案
税務調査は是非経験豊富な税理士に相談を

現在宮﨑所長は、顧問として受け持つクライアントの申告代行や税務、経営相談を業務の柱として行っている。

「お客様の事業計画やライフプラン、後々の相続・事業承継計画を常に意識しながら節税策などを提案しています」

こうした将来を見越したアドバイスを行う事で「決算直前に慌てて目先の節税に走ることなく、また経営のかじ取りを誤ることのないようにしています」という。

会社経営につきものの税務に対しては、常に先手を打ってきちんと処理し、問題点があれば迅速に処理解決を図る宮﨑所長だが、最も力を発揮する分野が税務調査への対応である。

税務署が納税者から提出された決算書や確定申告書に記載されている売上金、所得金、税額に間違いがないかを調査する目的で行われるのが税務調査である。

通常は平均三～五年に一回のペースで不定期に行われる。〝マルサの女〟で一躍有名になった税務調査だが、税務調査マンのイメージは〝怖い人〟〝堅物の人〟といったネガティブな印象を持つ

人がほとんどだ。

「税務調査には、何が問題になっているのか、あるいはどこから不正行為と言われるかなどいくつかの抑えるべきポイントがあります。これを把握しておかないと素早く適切な対応をとる事が出来ません」と語る宮﨑所長。税務調査前に宮﨑所長は顧問先の経営者に、調査官がどのような事を調べ、何を聞いてくるかなど、調査を受ける側の準備や心構えをアドバイスしている。

これは経営者に安心感を植え付けるものだが、「日頃から税務についてのアドバイスを行っていますが、税務調査の連絡が入ればすぐに相談して頂きたいですね」との助言も忘れない。

企業の存続に不可避な事業承継の問題
個人資産家向けの〝相続支援センター〟設立

企業や医療機関で事業を継続させていくうえで、必ず起こる問題に相続や事業承継、M&A（企業の合併・買収）などがあげられる。

こうした相談も多く手掛ける宮﨑所長は、「多くの経営者にとっては避けて通れない非常に重要な案件です」という。

「役員や経営幹部が親族を中心として構成される同族企業では、御子息に継承して欲しいと願う方が多いのですが、自社株を譲りたくても既に株価が上がり過ぎて買い取れない場合は対策が必要です」と解説する。

後継者が定まっている場合でも色々課題が生じるが、大変なのは後継者がいない場合だ。

代表を務める経営者が引退したくても、後を引き継ぐ人材がいなければ従業員の生活を守るた

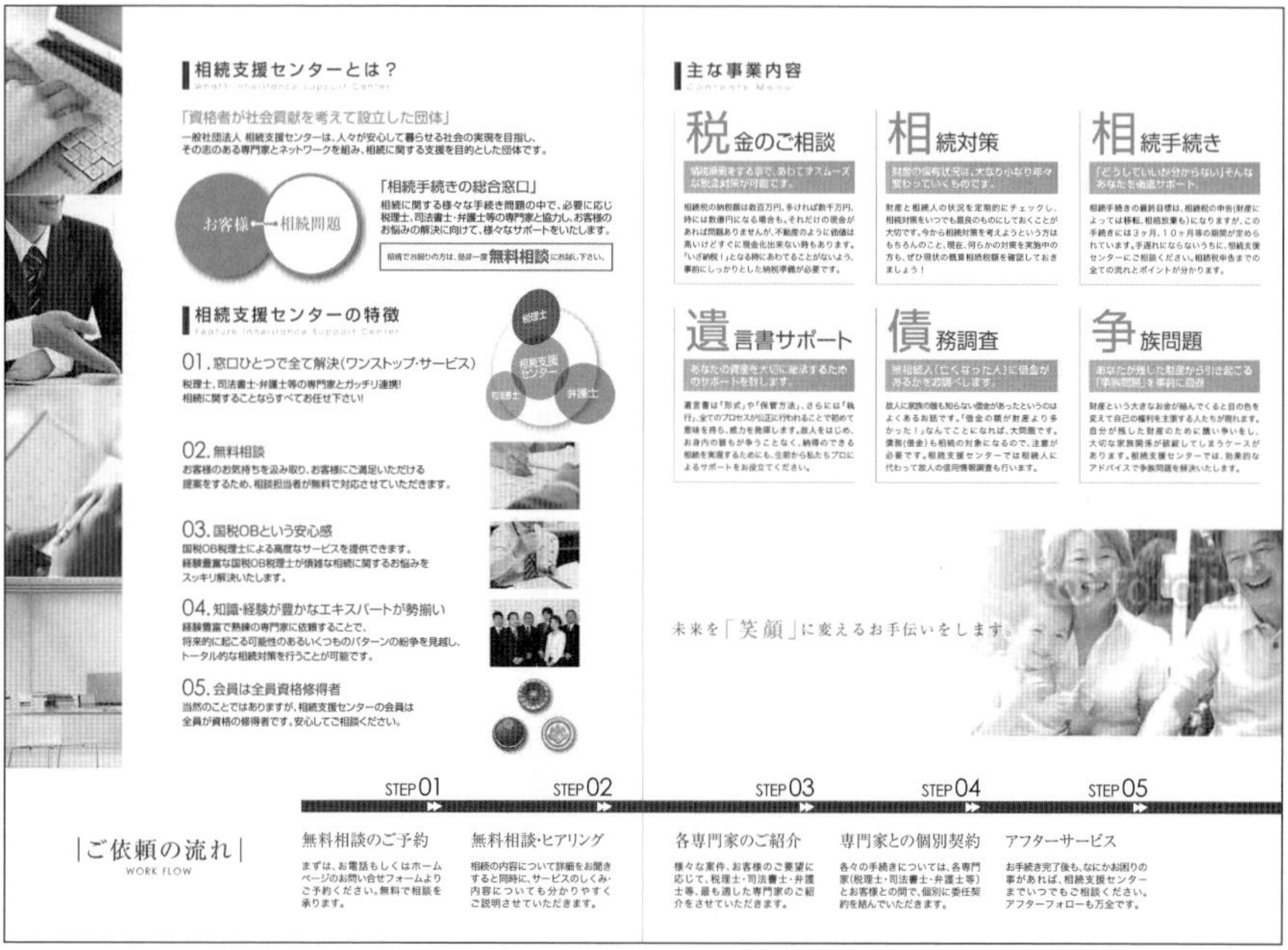

事業承継、相続の立案から問題解決までをきちんとサポートする

めにリタイアしたくてもできなくなる。

「これは経営者にとっては苦しいことです。こうした事態にならないように、後継者問題、つまり事業承継の問題はきちんと解決していなければなりません」と警鐘を鳴らす。

「状況に応じた承継プランの立案から対策、M&Aによる承継先の探索・譲渡まで最適な解決策を提案してこの問題をサポートしていきます」と宮﨑所長はアピールする。

企業経営者や開業医などは、顧問税理士に事業や資産の引き継ぎについて相談し、適切な助言、アドバイスを受けるのだ。

一方で、「サラリーマン世帯などの個人資産家は、相続税に関する相談をどこに持って行ったらいいのかわからずに困っている人が増えています」という。増加の背景には、高齢化社会の進行と国の税制改革による相続税の増税という二つの大きな要因があるようだ。

「こうした問題に悩んで困っている方の力になりたい」と宮﨑所長を筆頭に四人

の国税局出身の税理士と、若くて活動的な弁護士、司法書士の六人で、平成二十四年二月に一般社団法人『相続支援センター』を設立した。

「相続を行う際に必要な資格を持った人間が揃っていますから、不動産の登記やトラブルの対応などを、ワンストップで全て解決できる点が強みです」と自信をみなぎらせる。

個人資産家のこうしたニーズの増加を見越して、相続支援事業に参入する企業も多いが、「私たちの目的はあくまで社会貢献」と、相談料を無料に設定している点も大きな特徴だ。

現在、相続財産が五千万円程度になると課税対象になるという税制改正論議が進められている。このため、これまで相続税を納める必要のなかった人も課税の対象になってしまうケースも今後見込まれる。

「こうした税制度を理解して頂き、税の無申告をなくすためにも、これまで税理士に馴染みがなく、相談を躊躇している人でも肩の力を抜いて気軽に相談に来て欲しい」と宮﨑所長は訴える。

医療機関の独立開業を一貫してサポート 経営を軌道に乗せる事業プランも練りあげる

様々な角度から企業経営を幅広くサポートする宮﨑所長。中でも医療機関のサポートは多くの経験を持ち、税務のみならず経営に至るまで、専門的なノウハウをいかんなく発揮している。

「とくに勤務医が独立して開業する場合はやらなければならない事が山積しています。独立開業後成功するかどうかも、どれだけの調査や準備が出来るかにかかっていると言っても過言ではありません」と強調する。

日本で一番信頼される税理士事務所を目指すスタッフたち

医院の開業支援を細部までサポートする宮崎所長は、「まず全体の打ち合わせを通してコンセプトや要望などをお聞きし、開業場所を選定します」と説明する。

地域の人口統計、世帯数、競合医院の調査に至るまで、現実的なマーケティングを行っていくという。

場所が決まれば診療報酬の算定など収支事業計画を立案し、経営を軌道に乗せる為の事業プランを練り上げる。

「この時点で予算が自己資金を超えている場合は資金の調達を行います」

このように、金融機関の選定から返済計画の作成まで一貫して代行し、問題をクリアさせていく。

宮崎所長はこうした開業支援だけではなく、既存の医療機関の経営支援も行っているが、「医療法人にするタイミングというのも意外と難しいものです」という。

法人化することによって税金が安くなるなどのメリットがあるが、規模や形態によっては個人事業のままの方が良かったという場合も出てくるそうだ。

「法人化を考えている開業医は、法人と個人事業の違いを十分理解した上で的確な判断を下して欲しい」と訴える。

公平な課税で誰もが損をしない社会をクライアントに喜びをもたらす税理士に

独立して三年目の宮崎税理士・行政書士事務所は今、順調にクライアントを増やしている。業務の合間には税務調査をテーマとした講演・セミナー活動も行い対外活動にも積極的だ。

「しかし本業はあくまで税理士としてお客様をサポートする仕事。この部分はブレずにやっていきたい」と宮崎所長。

学生の頃から課税の公平の重要性を考え、「正しく納税している人が損をしない社会をつくりたい」という理念を貫き業務に邁進してきた。

その上で「今はお客様に喜んで貰えるにはどうしたらいいかを常に考えながら仕事に取り組んでいます」という宮崎所長。

「もちろん脱税など不法なやり方ではなく法律にのっとった形が大前提です」と力を込める。

「広い視野で全体のスキームを見渡して、さまざまな立場から問題に向き合う事で、経営者も従業員も皆が納得でき、喜んでもらえることができます」と自らのスタンスをこう語る。

経営コンサルタントで利益を上げる手助けをし、税務のプロとして様々な節税の提案で企業を繁栄に導く宮崎所長は、「とても一人で出来る仕事ではありません。スタッフの助けがあってこそ。今いるスタッフは本当に優秀でよくやってくれています」と笑みを浮かべる

今後は「お客様に対してプラスになる提案を様々な分野で幅広く行い、日本で一番信頼される税理士事務所を目指していきたいですね」と瞳を輝かせる。

「何事も明るく楽しくが自分のモットーです」と気さくで物腰の柔らかな人柄がとても印象的な先生だ。

PROFILE

宮崎浩記（みやざき・ひろき）

昭和 35 年 8 月 21 日生まれ。広島県出身。松山大学経営学部卒業後、大阪国税局採用。勤務時には国税調査事務等に従事。総合調査部門連絡調整官、特別調査・機動官担当統括国税調査官、資産課税第一部門統括国税調査官をそれぞれ歴任。平成 21 年税理士登録。同年宮崎税理士事務所開設。税理士。行政書士。平成 22 年株式会社ミライ経営設立。平成 24 年一般社団法人相続支援センター設立。代表理事。大阪事業承継 M&A センター。家族は妻と 2 男 2 女。趣味は旅行。

INFORMATION

宮崎税理士・行政書士事務所

所在地
〒 540 ― 0012　大阪府大阪市中央区谷町 1 ― 3 ― 19
マルマスビル 4 階
TEL　06 ― 6920 ― 3939　FAX　06 ― 6920 ― 3977
E-mail　info@miyazaki-tax.com
URL　**http://miyazaki-tax.com**
一般社団法人相続支援センター
住所（同上）、E-mail　info@souzoku-shien.org
TEL 06-6941-7830（なやみゼロ）
URL　**http://www.souzoku-shien.org**

アクセス
●地下鉄谷町線 天満橋駅 徒歩 1 分

設　立
平成 21 年

業務案内
< ＴＡＸコンサルティング >
事業計画、ライフプラン・相続・事業承継計画に合わせ、将来を見越した最適な節税対策
法人税・所得税・相続税等各税法を網羅した総合的なコンサルティング
・税務顧問　・税務調査対応　・相続税対策　・申告
・事業承継・M&A
< 医療コンサルティング >
医院の開業や医療法人設立から人事労務や増患対策などまで、専門知識を活かした幅広い経営をアドバイス
・医院開業支援　・医療法人設立

「税理士もサービス業である」をモットーに中小企業を全力支援！

ＭＱ会計、売り上げアップ塾などで経営全般を支援

税理士はサービス業です。顧客に喜んでもらえる情報やノウハウを提供していかなければなりません。

よねづ税理士事務所
所長　税理士　**米津 晋次**

起業し会社を設立して企業経営を持続するには、実に様々な作業が必要になる。事業を立ち上げようと思えば、事業計画の立案や融資の申し込みなどの資金調達、さまざまな登録申請などが求められる。会社を設立して事業をスタートすれば、従業員の雇用や社会保険、経理、製造から販売、流通、税金とそれぞれの場面に応じて多様な作業が発生し、それらを円滑に推進していかなければならない。

まして近年、世界的な景気停滞の中でどの業界に関わらず、生き残りをかけた企業の競争は激しさを増し、企業が安定的に存続するには、市場のニーズをいち早く捉えた的確な経営戦略と果敢な決判が求められる。まさに生き馬の目を抜く、シビアで厳しい時代を迎えているのである。

こうした中で、「税理士もサービス業である」をモットーに、税務のみならず、会社の設立支援や売上増進に至るまで、企業経営を文字通り一手にサポートして、注目を集めているのが、よねづ税理士事務所所長で税理士の米津晋次氏である。

「サービス業であるからにはお客様に喜んで貰える情報やノウハウを提供しなければいけません」

力強く語る米津所長は昭和三十七年生まれの脂の乗り切った五十歳。大学卒業後は富士通にシステムエンジニアとして入社した経歴を持つ。

税理士を志したのは、「私は元々数字が好きでしたのですが、担当していたお客様がコンピュータ導入に関して税理士に相談しているのを見て、税理士という職業に大変興味を持ちました」とその動機を語る。

契約企業は平等なビジネスパートナー
利益拡大に繋がる戦略MQ会計を駆使

結局五年間勤めた富士通を退職後、十五年間にわたって税理士事務所で勤務して実務経験を積み上げてきた。「この十五年の税理士事務所勤務で、税務の知識だけでなく税理士の役割や仕事をよく理解することができ、自信をつける事が出来ました」と振り返る。

そして平成十七年九月に満を持してよねづ税理士事務所を開設、税理士として念願の独立を果たすことになった。

税理士の業界は他の業界と比べて平均年齢が高い。さらに昔からの風習としていわゆる先生商売といったスタイルで営業を行っている事務所が結構多く残っている。このため、顧客である企業に対して『税務をやってあげている』という意識を持つ税理士が多く存在する。

しかし米津所長は「税理士だから偉いというのは大間違い。企業と接する上ではあくまでイーブンの対等なビジネスパートナーであるべきです」との考えを持つ。この意識がクライアントに対する真摯なサービス精神の源になっているのだ。

それだけに米津所長は、税理士としてただ数字を管理、報告するだけの仕事では終わらない。SEO対策やチラシ、DM、看板など普段税理士が手がけない販売促進活動を自らの手で行い、その経験をプラスアルファとして企業経営をサポートする。直接企業収益にプラスとなる米津所長の様々なアドバイスは、クライアントから高く評価されている。

こうした企業収益の拡大を、業種を問わずどんな企業でも実践出来るように米津所長が開業当

西順一郎氏が考案したMQ会計理論は全国に広がっている

初から導入しているのが『戦略MQ会計』と呼ばれるものだ。

「これは、ソニー出身の実務家である西順一郎先生が考案した理論です。簡潔明瞭で、かつ科学的に利益を拡大できる実践的な会計手法なのです」と説明する米津所長。

MQとは粗利益の意味で、固定費とのバランスをとりつつ、粗利益を最大化して利益を大きくする手段や方法論が簡単に、分りやすく表現されている。

「売上げと、原価などの経費、それに粗利などを決算書のように数字を羅列するのではなく、図表に置き換えて把握できる点が大きな特徴です」

売上よりも利益優先の経営が理想
マネージメントゲームで経営の大局眼を養う

米津所長によれば、図に数字を当てはめるだけで、会社の利益構造を簡単に理解出来るようになるという。

「通常の決算書には、売上や原価などの項目とその金額しか表示されていませんが、MQ会計ではこれに入門編ではまず『数量』という概念を加えます。数量というのは取引先数や客数や現場の数など自社で適切と思われるものをあてはめます」

米津所長は、決算書に数量という概念を加えることで、より具体的な自社の利益構造がわかるようになるというのだ。

ＭＱ会計の基本として、まず基本図を覚えることが大切だと指摘し、「図表上の売価や原価、数量、経費などの数字を変えることで最終的な利益にどう影響するかを経営者に図形で理解して貰いたい」という。

マネージメントゲームで会社の経営を疑似体験できる

長引くデフレ不況で消費の低迷が続く今の世の中、商品の一割引き、二割引きは当たり前だが、「仮に全ての商品を一割値引きすれば、売上は上がっても利益は赤字に転落するというケースが出てきます。これでは会社は発展どころか衰退の道を辿ってしまいます」
米津所長は経営者に対して売上さえ増えればいいという考え方ではなく、利益〝率〟はたとえ下がっても粗利益〝額〟を確保することを最優先課題に据えた経営を行って欲しいと訴える。
「そのための指南役がＭＱ会計です。このＭＱ会計を駆使する事で、商品別や得意先別の貢献度を含めた自社の収益構造を把握することができます。粗利益額を最大化させる手段も図表から一目瞭然で、何からどう改善すべきかの指標にもなります」とメリットを強調する。
よねづ税理士事務所では、会計を理解してもらうためのセミナーを毎月一回行っている。「マネージメントゲームがそれで、会社の経営を疑似体験できるゲームです。プレイヤー一人ずつが社長となって材料を買う、作る、売る、投資するといった経営において必要な仕事を全て行います。会社全体を見る大局眼を養えることができます」

簡単なルールを最初に教えられる以外は全て自分でゲーム（会社の経営）を進めていかなければならない難易度の高いゲームだ。

「繰り返し行えば行うほどMQ会計を深く理解することに繋がります。すなわちマネージメントゲームでトレーニングすることで、実際の会社においても利益の出せる経営を実践出来るというわけです」

全国の経営者に広がりを見せるマネージメントゲーム MQ会計理論を経営に実践して収益第一の経営を！

米津所長はゲームで上手くいったやり方を会社経営に置き換えてやってみることを勧める。「それだけリアリティのあるゲームということです」と強い信頼を寄せる。ポイントは復習しながら何度もゲームを行うことだという。「頭で理解するのではなく、体に覚え込ませることが大切なんです」と語る。MQ会計を理解するために考案されたマネージメントゲームもまた西順一郎氏の発案による。一九七六年に誕生以来利用者は拡大し、今では企業経営に携わる人々の多くで活用されている。

ソフトバンクの孫正義社長も起業前にMQ会計を勉強し、社内に会計理論を導入している一人だ。「携帯電話の料金プランを考えるときにもMQ会計理論が取り入れられているのは有名な話です」と米津所長は、自身もすでに二百回以上マネージメントゲームを行い、公認インストラクターとして多くの経営者に指導実績を持つ。「それでもまだまだ理解できていない部分が山ほどあります」とのことで、MQ会計の奥の深さを語る。

さらにマネージメントゲームの特に優れている点について米津所長は、「初心者、上級者それぞれのレベルに応じてトレーニングできる点です、という。米津所長によれば「今でも参加するたびに新しい発見がある」というのが何百回もやっている人達の共通した感想なのだとか。マネージメントゲームを通してMQ会計の普及と啓蒙に取り組む米津所長は、MQ会計をわかりやすくまとめた『利益が見える戦略MQ会計』というタイトルの書籍を、西順一郎氏、宇野寛氏との共著で出版している。「一人でも多くの経営者や企業経営に携わる人にMQ会計理論の素晴らしさを知って頂き、経営に実践して欲しい」と呼びかける。

起業支援で若い経営者を熱心にサポートする
士業ネットワークを構築してワンストップサービスを実施

よねづ税理士事務所は開業して今年で七年目を迎える。名古屋市内の中小企業を中心に多くの顧問先を抱え、業種も建設業・飲食業・製造業・サービス業・IT産業など、実に多岐にわたる。多忙な毎日の米津所長だが、「担当させていただいている企業の業績が上がり、経営者の方から感謝されると疲れも一気に吹き飛びます」と笑顔を見せる。

こうした企業経営の支援をメインとするよねづ税理士事務所だが、若い経営者の卵からの相談も多い。それは米津所長が起業サポートや会社設立の支援も得意としているからだ。

税務の枠を超えて企業経営全体をサポートする

資金調達のため銀行へ提出する事業計画書作成の場合は、緻密に専門的なアドバイスを行なって融資の認定に繋げている。「銀行側に、この人なら融資しても大丈夫だろう、という印象を持って貰うことが大切です。そのためにはいくつかのポイントがあるのですが、それを経営者の方にお伝えしているのです」と語る米津所長。

さらに起業の際は会社の登記やさまざまな許認可の届け、助成金の申し込みや社会保険加入などやらなければならないことが山積する。これらの作業を司法書士や行政書士など他の士業と連携しながら、一手に引き受けて行う〝ワンストップ・サービス〟もよねづ税理士事務所の強味だ。「会社のスタート時には、いかにして経営を早く軌道に乗せるか、が最大の課題です。このため会社設立当初の経営者にはそれらを集中的に作業できるようなサポートをしていきます」

こうした想いから米津所長は、設立時にかかる全ての業務を自らが窓口となって行う体制を構築した。「お客さまにとって便利でメリットになることは今後もどんどん取り入れていきたい」と、サービス業としてのスタンスを徹底させる。

〝売上アップ塾〟でマーケティングの個別指導も若い世代を精力的にバックアップして明るい日本の未来を！

よねづ税理士事務所内では三ヵ月に一度〝売上アップ塾〟を開催している。この塾は米津所長が唱える実践サービスの一環である。「契約いただいているお客様に無料で参加して頂き、文字通り売上を伸ばすにはどうすればいいか、を専門のマーケティングコンサルタントから様々な視点で個別にアドバイスを受けることができます」

また、他の参加者からは一般ユーザーの目線で、会社の商品やサービスに対する率直な意見、批評をもらえるというメリットもある。

「今、中小企業の経営者に私からお伝えしたいのは価格競争に巻き込まれないで欲しいということ。適正な価格で販売することで、しっかりとした利益が生まれる。そのためには自社の商品やサービスの強みを知り、それをユーザーの方々にしっかりと伝えることが重要です」と力を込めて語る。

〝売上アップ塾〟は毎回夜遅くまで白熱した議論が交わされ、参加者の好評を集めている。

戦略MQ会計、売上アップ塾といった独創的なサービスを提供することで、よねづ税理士事務所は税務の枠を超えた〝企業経営全般をサポートする税理士事務所〟としての地位を確立しつつある。さらに経営者の細かなニーズに応えようと、事務所対応を平日は早朝から夜の十時まで受けられる体制をとっている。「中小企業の社長は、平日昼間などはなかなか時間がとれないもの。休日も可能な限り対応できるようにしています」といい、サービスの徹底を怠らない。日々切磋琢磨する米津所長は一方で、「起業を考えている若い経営者を応援したいという気持ちと同様に、将来税理士として独立をめざしている若い人にも、事務所を通して応援したい」という想いをもつ。

このため、よねづ税理士事務所では将来独立を考えている人をスタッフの採用対象としている。

「日本が少しでも明るい未来を歩んでいくためにも、若い世代にもっと頑張ってもらわなければ」と穏やかな笑みを浮かべる米津所長。人材の育成にも意欲を燃やしている。

PROFILE

米津 晋次（よねづ・しんじ）

昭和 37 年 10 月 19 日生まれ。愛知県出身。南山大学経済学部卒業。富士通株式会社入社。システムエンジニアとして、オフィスコンピューターの販売管理などの事務処理システム設計に約 5 年勤務。その後税理士を志して二つの税理士事務所で 15 年間勤務。平成 17 年 9 月よねづ税理士事務所開設。同19年5月にセミナー実施のために株式会社みらい設立。税理士。著書に『利益が見える戦略ＭＱ会計』『税理士が教える得するパートタイマーＢＯＯＫ』などがある。

INFORMATION

よねづ税理士事務所

所在地　〒 458 － 0924　愛知県名古屋市緑区有松 1021
第 2 福岡ビル１Ｂ
TEL　052 － 621 － 6663　　FAX　052 － 621 － 6669
E-mail　info@yonezu.net
URL　**http://www.yonezu.net/**

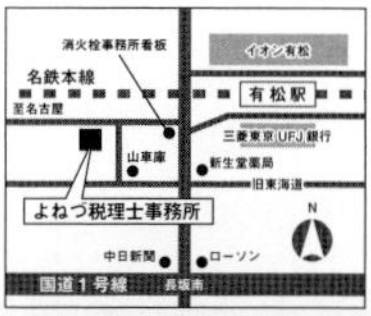

アクセス　●名鉄本線有松駅徒歩 2 分。
名古屋方面線路沿い左側。

※移転先（7 月 1 日から）

所在地　〒 458 － 0824　愛知県名古屋市緑区鳴海町有松裏 200
ウィンハート有松 3 階

アクセス　●名鉄本線有松駅徒歩 2 分
イオンタウン有松隣、大垣共立銀行上

設立　平成 17 年 9 月

基本理念　「税理士もサービス業である！」「税理士」といっても、特別な職業ではありません。「先生」と呼ばれることも多いですが、多くの職業の中の単なる一つにすぎません。つまり、お客様との関係は全くの平等であり、お客様と弊所はビジネスパートナーと考えています。
したがって、ビジネスの基本である、お客様から依頼された仕事に対してしっかりと正確な仕事をすることにより、お客様に満足していただけることを最低限の課題として取り組みます。さらに、税務・会計の知識、今までの経験、戦略ＭＱ会計理論等にもとづいたアドバイス、提案を積極的に行なっていきます。もし、お客様に満足いただけないときは契約解除される、という一定の緊張感をもって仕事をしています。

メッセージ　戦略ＭＱ会計とはー
・「わかりやすい」……理論がシンプルで、一次方程式（中学１年レベル）でいろいろなことがわかります。
・「実用的」……枝葉の細かいものを一切捨象して本質をつかむマクロな会計ですので、実用的です。つまり、誰もが“使える”会計なのです。
・「意思決定に活用できる」……「わかりやすい」「実用的」でありながら、内容は高度なものですので経営戦略に活用できます。過去がどうであったか、というよりも、これからどうするのか、を考えるための未来志向の会計です。そして、全員経営につながる会計でもあります。

企業経営者の身近な頼れるパートナー
社会保険労務士の枠を超え多角的な企業支援を実践

常に経営者の身近なパートナーでありたいと意識しています

I・C・Eマネージメント
社会保険労務士　石嶋　琢巳

企業経営を人事面から支える社会保険労務士。この業界は企業からの潜在的ニーズは多いもの認知度の低さから需要に応えきれていない現状があった。しかし二〇〇八年の年金問題、近年急増している〝モンスター社員〟など従業員トラブルの影響により認知度は年々向上し、今では弁護士や税理士同様、企業の顧問として経営サポートを行う社会保険労務士が増えつつある。

I・C・Eマネージメント代表をつとめる石嶋琢巳社労士もまたそうしたうちの一人で、現在多くの顧問先を抱える敏腕社会保険労務士として多忙な毎日を送っている。

「経営者の身近なパートナーでありたいと常に意識しています」と語る石嶋社労士は、愛知県名古屋市出身だ。桃山学院大学を卒業後、大手の販売会社で勤務した経歴をもつ。

「会社の労働環境がずさんで不満を抱える従業員を多く目の当たりにしました。それが社会保険労務士になろうと考えたきっかけでした」と、一念発起して資格取得に向けた勉強を開始した。

わずか半年間の受験勉強期間だったが、「移動時間や休日は全て勉強にあてていた」と人一倍の努力と集中力を発揮し、平成九年最初のトライで試験にパスした。

その後は勤めていた会社を退職し、十年間の事務所勤務で実務経験を積み、平成十九年に念願の独立を果たした。

業種業態に応じた柔軟な就労規則の作成を現場の実情に即した労働法規の改正が必要

石嶋社労士の行う業務は企業との顧問契約がベースとなっている。「行政に届け出る書類や会社の人事体系、給与体系、退職金、年金の管理代行が主な仕事」という。

こうした企業における決め事を経営者の要望を聞きながら体系化させていくのだ。

「あくまで労働関係法規に則ってというのが前提ですが、その上で業種業態に応じた柔軟な規則を作ることが大切」とポイントを語る。

一方で「戦後まもなく作られた労働関係法規が今の労働環境になじんでいないのも問題のひとつです」と、現行の労働法規体系の問題点を指摘する。

机上には労働関連法規の書物が並ぶ

これは労働基準法が現在の多様化する業種に対応しきれていないということが原因だといわれる。

「例えば製造業のラインであれば、現行の労働法でも馴染みますが、深夜業務が当たり前である運送業や時間の不規則なサービス業には馴染まない部分があり、労働法規を遵守するにあたって大変苦労しています」というのだ。

こうした現状から石嶋社労士は、「確かに今では裁量労働制やみなし労働時間制など労働法を補完する規則が作られていますが、労働現場から求められているのは労働基準法自体の改正なんです」と根本的な改革を訴える。

近年急速に増えている従業員側からの残業代請求の問題などは、このような労働法と実際の労働現場とのギャップで生まれるケースも少なくない。

「今は従業員の方が法律に関する知識を持っていることが多く、企業が思わぬ請求を受けてしまうこともある」

こうした事態に対して石嶋社労士は、「企業側があらかじめ規則を作っておいて、こうしたトラブルの予防線を張ることが重要です」とアドバイスする。

しかし、ひとたび従業員側から請求を受けると、企業は何らかの対応を迫られることになる。

「経営者にとって、こうした対応に手間暇や労力はかけたくありませんが、嫌でも対処しなければならない問題なのです」

石嶋社労士はこれを弁護士とタッグを組んで代行する活動を行っている。

原弁護士と連携して労働組合との問題に対応
労使双方が納得のいくまで粘り強い交渉を

「労働問題に強い原武之弁護士と共同で〝年金労働ドットコム〟という組織を二〇〇八年に立ち上げました」

石嶋社労士らが設立した当時は、いわゆる〝消えた年金〟問題の真っただ中だった。こうした問題をはじめとした様々な労務問題に対処する目的での設立だった。

「ふたを開けてみれば舞い込む相談のほとんどは労働組合（ユニオン）の問題でした」と振り返る。

設立から今日まで、ありとあらゆる様々なケースの団体交渉を経験してきた石嶋社労士と原弁護士だが、労働組合への対応に関しては、「企業が経営に専念できるよう、私たちが企業側の窓口となって団体交渉にのぞむというスタンスを常に心がけています」とのこと。

石嶋社労士が弁護士と共同しているのにも理由がある。たとえ裁判や労働審判に発展しても、決着がつくまですべて自分たちでサポートすることができるからだ。

タッグを組んでいる労働問題に強い 原武之弁護士

労働組合からの請求内容は、急増している未払いの残業代請求をはじめ、セクハラ・パワハラ、解雇やうつ病の訴えなど、業務上で起こるトラブルをメインに実に多岐にわたる。

団体交渉は人と人とのやりとりだけに、細かな駆け引きは交渉を有利に進める上で重要な要素となる。

「相手の出方を伺いながら、想定している落としどころに着地させることを心がけています」と、交渉術の一端を明かす石嶋社労士。

さらに残業代の請求交渉では、組合側が不当に大きな金額を請求してくる場合もあるという。

「双方納得のいく金額まで折り合いをつけるために粘り強い交渉が求められます。それでもダメなら裁判所に判断をゆだねます」とも。

『年金労働ドットコム』ではこうした労働組合への対応に加えて、労災事故・通勤災害の対応、交通事故の対応、破産・倒産、事業再編・再生、民事再生に関する相談も多い。

「会社を破産させる場合は従業員に対する説明会を実施します。そこで退職金、保険の切り替え、今後の処遇などをスムーズに決定していかなければなりません。皆が納得するまできっちりとした説明を行うことも大切です」とポイントを語る。

年金問題の相談は社会保険労務士の十八番
高齢者が力を発揮して活躍できる会社づくりを

社会保険労務士という専門的立場から企業が遭遇する問題を的確に解決に導く石嶋社労士。高齢を迎えると誰もが関心の高くなる年金の分野に対しては、「私たち社会保険労務士が専門性を活かしてサポートできる分野です」と絶対の自信をのぞかせる。

現在、顧問先の経営者を始め、従業員全員の年金管理を一手に手がけている。

「六十歳で定年を迎えた従業員が再雇用で仕事を続けるケースでは、給料と年金の両方を受け取ることで起こる〝過度の受給〟に注意しなければなりません」と警鐘を鳴らす。

石嶋社労士は「ここで給料の見直しが必要になってくる」という。

毎年十二月に、来年六十歳をむかえる社員を抽出してクライアントの経営者に報告する。この時に個々の社員の給与設定変更や再雇用の有無を経営者と検討している。

現在の法律では六十五歳まで雇用を確保しなければならないことになっているが、「企業側にとって必ず誰でも再雇用しなければならないというわけではありません」と説明する。

「私が顧問をさせて頂く企業では、これまでの勤務実績や勤務態度、健康上の問題など一定の基準を設け、クリアした社員を再雇用するという取り決めを行っています」

これによって不効率な雇用を防ぎ、人件費抑制に繋がるメリットが生まれるというわけだ。一方で石嶋社労士は、「高齢化が進む現在では、高齢者の従業員を多く雇う会社づくりも大切になってくる」と指摘する。

こうした年金管理など、企業経営にプラスになるアドバイスや提案を的確に繰り返しながらクライアントの事業活動を力強くサポートする石嶋社労士は、「孤独な経営者の良き相談相手というのが私の目指すポジション」と自らのスタンスをこう語る。

長年顧問をつとめ、信頼関係を築いてきた企業の経営者からは業務外の相談を受けることも多いという。「企業のよろづ相談所みたいなものです」と苦笑する石嶋社労士だ。

経営者はぜひ気軽に社会保険労務士に相談を起業や事業承継の相談も多く寄せられる

石嶋社労士のもとには、世代交代の相談も結構多く寄せられる。「会社の代表の継承は事情を熟知している第三者が中に入ることで、上手くいく場合が多い」とのことで、石嶋社労士は相談に真摯に耳を傾ける。

「会社を創業者から二代目に譲る際、先代経営者と後継者の間に入って、会社の引き継ぎを円滑に行うサポートをしています」

石嶋社労士によるとこの時のポイントは意思の疎通をきっちりとはかることだという。「私がパイプ役となってお互いの想いを汲み取り、双方納得の上でバトンタッチを行うことが成功の秘訣です」

そして経営者からの相談内容が石嶋社労士の手に負えない専門外のことであれば、連携する他士業の専門家を迅速に紹介することができる。この連係プレーも石嶋社労士の強みで「どんな些細な悩みでも一度相談をして頂きたい」とアピールする。

労務問題から年金管理まで経営を幅広くサポートする

現在企業の顧問先は数十社を超え、企業のさまざまな問題やトラブル、相談を一手に引き受けて超のつく多忙な毎日を送っている石嶋社労士。業種も多岐にわたり、製造業・運送業・サービス業・建設業など実に多種多様だ。

「どのような業種でもそうですが、労働関連の法律に対して甘い認識でいる経営者を見かけます」

経営の勉強をせずに企業の経営をはじめ、企業内で起こりうるリスクヘッジが全くないまま、五〜十年と経営を続けている企業が意外と多いのが実情だ。

「例えば昔作った就業規則をそのままにして、何年も経営を続けていれば問題が起こった時に思いもよらない損害をこうむることも往々にしてあります」という石嶋社労士。

さらに「一部の従業員が問題を起こすだけで会社全体の雰囲気が一気に悪くなることがあります」と思わぬリスクを強調する。こうした事態を防ぐためにも「経営者は社会保険労務士に何でも相談してほしい」と訴える。

人事労務から、年金相談、地域貢献活動まで八面六臂の活躍
真剣さ、集中力、熱意をモットーに経営をサポート

「私たち社会保険労務士は人事・労務の専門家です。会社の就業規則や労務管理の在り方を見直す時は私たちの出番です」

一方、これからビジネスを立ち上げて会社を興そうとする経営者の卵のサポートにも石嶋社労士は力を尽くす。新たに事業化を目指すといっても今は起業した会社のうちの八割が三年以内に姿を消すという厳しい時代を迎えている。「発展、永続している企業に共通しているのは、〝明確な夢や目標を持つ〟、〝身の丈にあった経営を意識する〟というこの二つの事柄を上手く両立させている点です」という。

この二点を実践し、かつ従業員のモチベーションを上げることが出来れば、自然と会社はステップアップしていくと石嶋社労士はいう。

I・C・Eマネージメントは、今年で五年目を迎え、順調な歩みを見せてきた。さらに、知的発達障害のある人のスポーツトレーニング等に取り組む「スペシャルオリンピックス日本・愛知」賛助会員として、知的障害者のスポーツ振興活動の支援も行っている。

「今後も幅広い経営者層からの信頼を得られる良い仕事を積み重ねて、地域社会や産業界、ビジネス業界で一目おかれるような社会保険労務士になっていきたいですね」と瞳を輝かせる。

事務所名のI・C・Eは石嶋社労士のモットーである、真剣さ、集中力、熱意の英文頭文字であるI、C、Eから採っている。顧客に真剣に向き合い、全神経を集中して職務に精励し、熱意を持って事に当たる。真剣、集中力、熱意三つを胸に秘めて石嶋社労士は静かな闘志を燃やして企業サポートに邁進している。

PROFILE

石嶋 琢巳（いしじま・たくみ）

昭和48年12月3日生まれ。愛知県名古屋市出身。桃山学院大学文学部卒業後、販売会社に就職。退職後社会保険労務士事務所で10年間勤務。平成19年独立。I・C・Eマネージメント代表。社会保険労務士。ファイナンシャルプランナー。海外技術者研修協会(AOTS)非常勤講師。ODAの一環として現地の経営者を招いて日本のノウハウを教えている。

2007年アフリカ企業経営研修コース(AFCM)。2008年東南アジア企業経営研修コース(SECM)、中国企業経営研修コース(CNCM)。2009年スリランカ企業経営研修コース(LKCM)。趣味はスキー、バイク。

INFORMATION

I・C・Eマネージメント

所在地　〒459－8001　愛知県名古屋市緑区大高町鶴田176
タウンコート裕　B-101号
TEL　052－621－5154　　携帯　090－1629－6922
E-mail　ishijima@ice-m.jp
事務所URL　**http://ice-m.jp**
年金労働.com URL　**http:/nenkin-roudou.com**

アクセス　●地 JR大高駅　徒歩4分

設　　立　平成19年

業務内容
人事労務管理について
・労働関係に関する法務相談
・人事制度・賃金制度・退職金制度の分析、再構築運用
目標管理制度の構築
・就業規則、各種諸規則の整備、運用　　・管理職及び一般社員向け研修
・労働組合への対応(年金労働ドットコム)
労働保険・社会保険について
・労災処理に関する事務手続　　・雇用保険に関する事務手続
・社会保険（健康保険、厚生年金）に関する事務手続
年金について
・老齢年金に関する相談、手続　　・遺族年金に関する相談、手続
・障害年金に関する相談、手続　　・審査請求に関すること

“人づくり”のスペシャリスト
企業の人事をトータルにサポート

私たちは企業内トラブルの未然防止を目指しています

太田経営労務研究所
所長　特定社会保険労務士　**太田 隆充**

Close up Interview

企業経営の三大要素であるヒト・モノ・カネ。中でも〝ヒト〟は企業の成長と発展に必要不可欠な要素であり、会社の基盤と言える部分だ。

商品やサービスを生みだし、営業、販売を行い、お金が流通していく・・といった一連の経営活動も、人の活動があって初めて成り立っていくものである。

こうした企業における重要なポジションを担う〝ヒト〟の育成に力を入れて取り組み、現在多忙な日々を送っているのが太田経営労務研究所の太田隆充所長だ。

「人づくりに徹底的にこだわるというのが私たち事務所のポリシーです。事務所の名前を研究所としているのもそのためです」と、まっすぐに前を見据えて語る太田所長は現在三十七歳。

学生の頃から経営に興味をもち、大学在学中に進学塾を創業した経歴を持つ。

「この時に人を育てることの楽しさを知りました」と当時を語る。社会保険労務士になろうと決意したのも丁度この時期だったという。

大学卒業後は、社会保険労務士事務所に勤務して実務経験を積んだ。平成十一年に社会保険労務士の資格を取得した。

「当時、私の年齢で独立をしていた方は他にいなかったのではないでしょうか」という。二十五歳という若さで平成十二年に太田経営労務研究所を設立した。

「設立当時はクライアントもなく、ゼロからのスタートでしたので、目の前の仕事をこなすだけで一杯いっぱいでしたね」と振り返る。

原動力は〝企業を助けたい！〟という使命感
八人の精鋭スタッフで全国をカバーする

様々な仕事をこなしながら、勉強会やセミナーにも積極的に参加して知識と経験を吸収し、独立後のキャリアを築いてきた太田所長。

こうした不断の自己研鑽によって、仕事の質を高め、クライアントからの信頼を獲得してきた。設立から十三年目を迎えた今、クライアントの数は二百五十社を数える。

「ありがたいことに最近では既存のお客様からご紹介を頂くことが増えている」と、目を細める。クライアントのエリアも、地元の愛知県はもちろん、東京・大阪・北陸などに広がり、忙しく全国を飛び回る日々が続く。

そんな太田所長は「仕事に取り組むスタンスが今と昔では全く変わりました」という。ここ数年で、事務所の認知度が上がり、様々なケースの悩み、相談ごとがひっきりなしに舞い込むためだという。

「〝心配で夜も眠れない等、悲痛な想いで相談に来られる経営者の方が多く、〝困っている企業を助けたい！〟という使命感を感じて仕事に取り組むようになりました」と噛みしめるように語る。

こうした数多くのクライアントを、八人の精鋭スタッフで支える太田経営労務研究所。現在は「顧問企業からの依頼や悩み・相談事の対応と、こちらからの提案業務を主に行っている」とのことだ。

研究所では今、賃金制度・退職金制度・就業規則などのコンサルティングから、給与・賞与計算代行、社会保険・労働保険に関する事務代行まで、企業の人事労務を幅広く手掛けている。

さらに「組織開発・社員教育など人材育成サポートに関しては、どこの事務所にも負けない自信があります」と力を込める。

困っている企業を助けたいーという使命感に燃える

絶対の自信をもつ人材育成分野
企業ごとのオンリーワン研修プランを作成

太田経営労務研究所が絶対の自信を見せて力を入れている人材育成分野は、独自のきめ細かなサポートが大きな特徴となっている。

「まずは会社の現状をしっかり理解する事が重要」と、経営者や人事担当者とのヒヤリングを幾度となく重ねていく。

「ヒヤリングによって企業の課題や伸ばしていきたい部分などを的確に把握し、ニーズにあった人材育成のプランを立てて行きます」

個々の事情を考慮しながら実践される太田所長の育成プランは、ピンポイントにニーズを捉えて行われるため、どれ一つとして同じ内容にはならないという。こうしたオーダーメイドのプラン実行も企業から信頼される所以となっている。

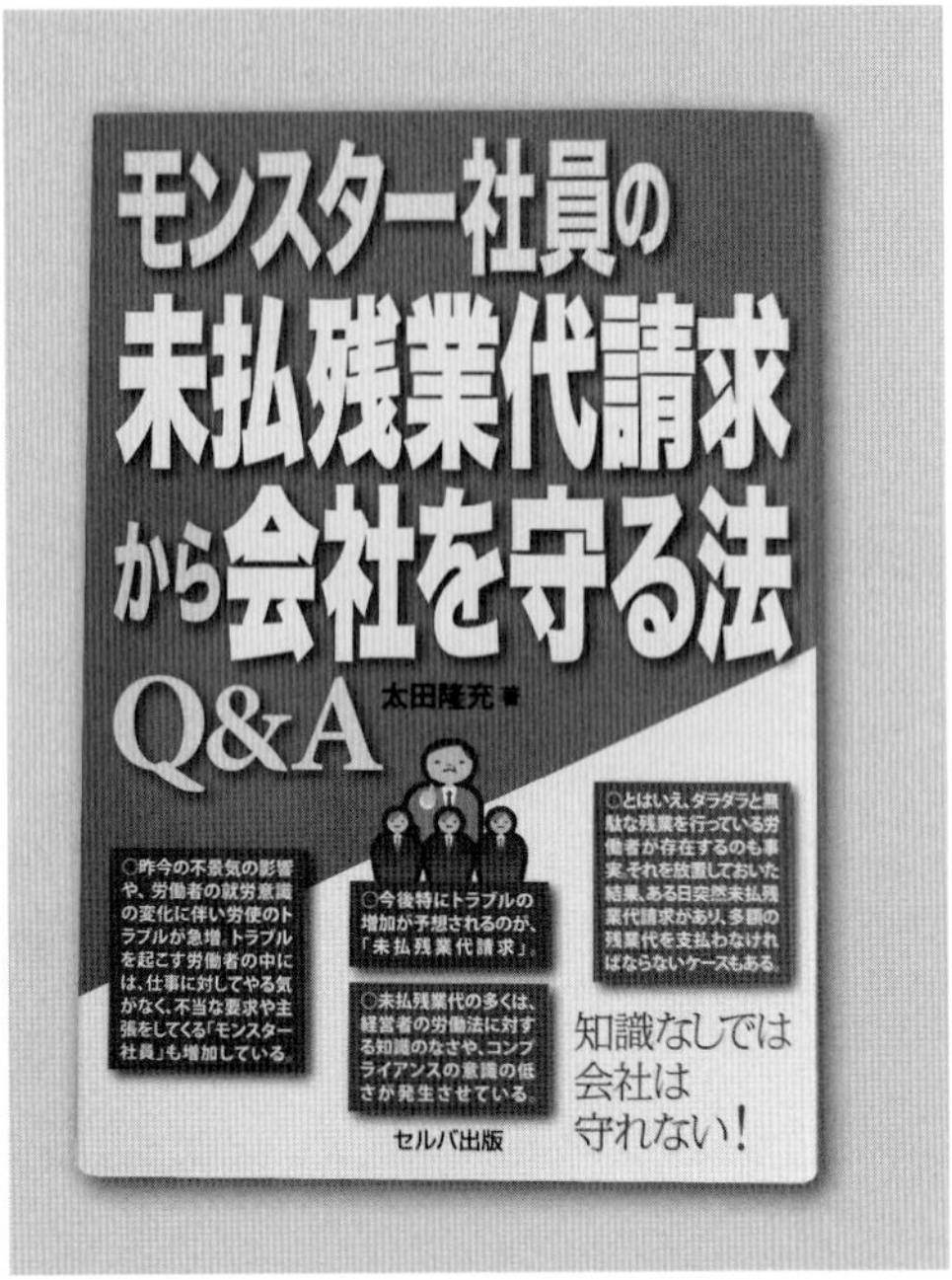

著書の「モンスター社員の未払残業代請求から会社を守る方法」

プランの中で行われる社員研修は、新入社員向けや管理職向けなどを対象に、幅広い従業員に対して行われる。

太田所長は「例えば人を動かす立場にある管理職員に対する研修を行う際は〝共育〟の大切さをお伝えしています」という。

〝共育〟とは文字通り共に育つという意味合いで使われることが多いが、「入社歴も長く、年齢を重ねた方であっても、〝自分も育たなければいけない〟という意識をもつことが重要なんです」と強調する。

この〝共育〟を実践することによって「従業員も自然と足並みを揃えて頑張ってくれるようになります」とその効用を説明する。

さらに太田所長は、「こうした社員研修は全て効果を発揮しなければ意味がない」ときっぱり言い切る。

「実質効果を出すためには、繰り返し行うことに加えてもう一つ重要な要素があります。それは研修を受ける側の意識の問題です」という。

いくらニーズに即した研修プランを実施しても、社員の向上心がなければ効果が望めない。「この意識改革をはかるには、現状に対する危機感を社員に持たせることです」と、研修に対する意欲の向上に努めている。

社員教育に加えて社員採用に関するサポートも専門的に行っている。太田所長が手掛けている面接代行である。採用・不採用を全て一任される場合もあるといい、「責任重大ですがやりがいのある仕事です」と意欲満面だ。

面接に臨む際には「短い限られた時間の中でいかに志望者の情報を得られるかが重要になる」として「とにかく相手に喋ってもらうことを常に心がけている」とのことだ。

理不尽な要求を突き付けるモンスター社員が急増！従業員とのトラブルは未然防止が最も重要

新入社員研修から退職後の生活アドバイスに至るまで、全てをワンストップで手掛ける太田経営労務研究所。「企業カラーにマッチした優秀な人材を雇い入れ、向上心をもって長く仕事に励んで貰えるような、働きやすい社内環境を作って差し上げることが私の役目」と理想を語る。

一方で「最近は企業と従業員の間でのトラブルが急増しているのは残念なことです」と現状を嘆く。こうしたトラブルが急増している主な原因として太田所長は、「景気の低迷や雇用環境の変化などが挙げられます。とくに、インターネットの普及で労働関係の法律を従業員側が簡単に収集できるようなったことも大きな原因だと思います」

情報を容易に取得できるようになったことで、従業員側が会社に権利を主張するケースが多くなったというのだ。加えて「常識では理解できない理不尽な要求を通してくる〝モンスター社員〟も見られるようになりました」とこの問題には太田所長も頭を抱える。

人事問題は社会保険労務士に、とアピールする太田所長

要求内容は多岐にわたるが、中でも未払いの残業代を請求する従業員が今圧倒的に増加しているという。さらに「請求の結果、お金を貰えたという事が他の社員の耳に入ると、自分も貰えるはずだということで、我も我もと会社側に請求を突きつけるという最悪のケースが出ています」と指摘する。

請求コストの積み重ねによって経営破たんに追い込まれる企業もあり、「日頃から請求を受けないように対策を取らなければいけません」と注意を促す。

就業規則は実態の有無がポイント 良好な労使関係構築もリスク回避の手段

会社と従業員とのトラブル防止の最も重要な対策が就業規則の作成だという。「就業規則を作成する際は、企業の規模、業種、理念などを考慮に入れることが大切」とポイントを指摘する。

さらに太田所長は「莫大なコストをかけて就業規則を作っても実態が伴っていないと意味がない」と語る。トラブルになった際は実態で判断される場合が多いためだ。

「特に全国に支店をもつ大企業では、時間の経過と共に規則が機能不全に陥る支店が出てくるケースも多く、きちっとした管理体制をとる必要があります」と太田所長の弁だ。

大企業でのトラブルは新聞などのメディアで取り上げられる可能性が高いことから、各企業とも未然防止の徹底に躍起となっている。

「最近こうした大企業から、傘下の支店の労務監査に入って欲しいという依頼が多くなりましたね」という。

支店ごとに規則がしっかり守られているかどうかを外部の専門家の目から細かくチェックして精査する作業を徹底して行っている。

「大企業に限らずどんな企業にもいえることですが、労使トラブルは起こってからの対応よりもトラブル自体を起こさない対応により力を注いで頂きたい」とトラブル予防を強く訴える。

就業規則作成とその的確な運用の徹底に加えて、「良好な労使関係を構築することも極めて重要な要素です」と太田所長。

しかし人間同士のトラブルはことが起こってからでないと気付きにくいという側面もあり、予防の対応に苦慮する経営者もまだまだ多い。「そんな時こそ私たち社会保険労務士を頼って欲しい」と切に訴える。

人事労務は社会保険労務士の専売特許
人事のスペシャリスト集団を目指して

企業における人事トラブルは事が起こってからと起こる前では取るべき対策が全く変わってくる部分が大きな特徴だという。

「事後処理は弁護士の対応分野です。一方の事前予防は社会保険労務士の専売特許といっても過言ではありません」と太田所長はいう。

このあたりの事情がまだまだ経営者や人事担当者の間に正しく認識されていない。「それこそが社会保険労務士業界の課題です」と認知度の低さを指摘する。

「人事労務の問題で悩んでいる企業というのは大企業、中小企業に関わらず、潜在的に多いことは間違いありません。人事問題イコール社会保険労務士という図式の認識を広く浸透させてトラブルの事前予防に繋いでいきたい」と力説する。

今後は太田経営労務研究所も、社会保険労務士業務の認知度向上に力を尽くしていくとともに、事業規模の拡大を図っていく方針だ。

「就業規則の専門家、労務の専門家、年金の専門家など各分野にスペシャリストを揃えて人事労務の総合病院のようなスタイルにもっていきたいですね」と将来ビジョンに目を輝かせる。

「企業内のトラブル予防が私たちの目指すところなので、どんな小さな問題や悩みも一度気軽に相談して頂きたい。例え相談内容が専門外の事であっても他士業の専門の先生方を迅速に紹介することができますから」と幅広い専門家ネットワークを駆使したワンストップサービスを強調する。

「今後も信頼して頂ける仕事を繰り返し、一社でも多くの企業から『人事の事なら太田経営労務研究所に頼もう』といっていただけるように努力していきます」と太田所長。誠実な人柄に気さくな雰囲気がとても印象的だ。

PROFILE

太田 隆充（おおた・たかみつ）

昭和 49 年生まれ。愛知県出身。大学在学中に進学塾を創業。平成 11 年社会保険労務士試験合格。社会保険労務士事務所勤務を経て平成 12 年太田経営労務研究所を設立。平成19年特定社会保険労務士試験合格。著書『モンスター社員の未払残業代請求から会社を守る方法』（セルバ出版）がある。講演・セミナー実績多数。

INFORMATION

太田経営労務研究所

所在地　〒 462 － 0844　愛知県名古屋市北区清水 4-15-1
日宝黒川ビル 5 階
TEL　052 － 912 － 6811　FAX　052 － 912 － 6812
E-mail　info@ota-rouken.jp
URL　**http://www.ota-rouken.jp**

アクセス　●地下鉄名城線「黒川駅」から徒歩 5 分

設　　立　平成 12 年

事業案内
- 人事労務に関するコンサルティング
- 社会保険、労働保険に関する事務代行
- 助成金・給付金に関するコンサルティング及び申請代行
- 就業規則・各種規程の作成及び改定、給与計算代行
- 社員研修のプランニング及び代行
- 講演、講師活動

メンタルヘルス、障害年金のエキスパート
人事労務・社会保険面から企業を力強くサポート

経営者、従業員がお互いにメリットのある就業規則を作ります

オフィス西岡
所長 特定社会保険労務士 西岡 三也子

Close up Interview

社会保険労務士と聞いて何を思い浮かべるだろうか。社会保険の取り扱いをアドバイスしてくれる人？労働相談に乗ってくれる人？などなど。遠からず近からずだが、社会保険労務士の仕事は、と問われても多くの人はピンとこないだろう。どんな時に、何を社会保険労務士に相談すればいいのか…。社会保険労務士の仕事をより多くの人に正しく理解して、身近な相談相手になって貰うように尽力しているのがオフィス西岡所長で、特定社会保険労務士の西岡三也子さんだ。

「社会保険労務士の認知度は他の士業に比べてまだまだ低いですね。企業の間ではある程度浸透していますが、一般の人たちには余りなじみがないようで、認知度は非常に低いです」

西岡所長は、「社会保険労務士の仕事というのは、厚生労働省の機関である年金事務所、労働基準監督署、職業安定所の三つの役所で管轄する業務を担当しています」と説明する。

分かりやすくいえば、年金相談や職場環境の相談、それに雇用や離職に関する相談などだ。

「一つひとつの問題を紐解いていくと、その人の人生に関係する意味で、全てが繋がっていることが分かります」

こう語る西岡所長自身、今の職業に就くまでは、全くといっていいほど社会保険労務士という存在を知らなかった一人である。西岡所長は大学を卒業後、大手カメラメーカーに就職し、主にデザインを担当してクリエイティブなフィールドで活躍してきた経歴をもつ。

「強いて転職の動機と言えば、現状のサラリーマン生活に飽いたということですね」ということで、一念発起して社会保険労務士を志した。平成五年に資格を取得し、二年後の平成七年に大阪市阿倍野区にオフィス西岡を開業して念願の独立を果たした。

「法律は私たちの身を守ってくれるためにあるものですが、知らなければ全く守ってくれません。最低限の法律知識を身につけ、自分の身は自分で守るんだという気概を一人ひとりが持って欲しい」と語る西岡所長は「その手助けをするのが私たち社会保険労務士の仕事」と言い切る。

実情に合った繁栄する企業の就業規則を作成
従業員がいつまでも楽しく働ける職場づくり

西岡所長はクライアント企業の顧問として経営者をサポートするが、「きちっとした就業規則は必ず作って欲しい」と強調する。

経営者が就業規則を作る事によって、経営者自身の首を絞めることになるのではないか、と考える人も多いようだ。西岡所長はこうした経営者に対しては、「会社で働く従業員は、就業規則が無くても労働基準法が適用されますので、例え経営者が就業規則を作らなくても、労使が守るべき部分は最初からあるんです」と説く。

「会社のカラーや理念、経営スタイルや特徴に合わせた独自の就業規則を作る事が大切で、経営者にとっても従業員にとってもお互いメリットがあるのです」

西岡所長が作成する就業規則は、それぞれの企業の実情に合ったきめ細かな内容で、好評だ。就業規則を作成する際には、社長と密に相談し、経営者としての要望を取り入れる。

「もちろん労働基準法を守りつつ、きちんと詳細にわたって突き詰めて作成しています」とは西岡所長の弁だ。

「メンタルヘルスやセクハラ、パワハラに関しても、休業期間や再発したときの対応や、個人の感覚ではなくルールとして、あらゆる事態を想定した公平な社内規定を作ります」

アメリカでは家電製品などの取り扱い説明書が驚くほど詳細に書き記されているという。「私の作る就業規則も負けてはいませんよ」と笑う。

社会福祉法人松福会のコミュニケーション能力アップセミナーでの研修

しかし、ルールを作る事で抑止力としての効果が生まれ、問題が起こった後の解決がスムーズに進むことが多いそうだ。

「社長も従業員も、作成された就業規則を熟読して、相互に置かれた立場を再認識して欲しいのです」という西岡所長。

従業員にとって働きやすい職場づくりを、との願いが込められた西岡所長ならではの就業規則は、「働き甲斐のある職場を作ることによって会社を繁栄させる。会社が繁栄すれば従業員に返ってくる。これが理想です」との想いが込められている。

こうした就業規則の作成に関するアドバイスに加えて、従業員の給与計算、労働時間や有給休暇などの労務管理、年金や給付金・助成金の相談など企業経営の発展に結びつくさまざまな貴重な提案を行なっている。

セミナー、講演会活動を積極的に展開
社長と従業員がベクトルを合わせて頑張る

その中でも、とくに西岡所長が力を入れて取り組んでいるのがセミナー、講演活動だ。「毎年好業績を続けて伸びている会社や、長年堅実経営を持続して安定経営を誇っている企業に共通しているのは、社長と従業員一人ひとりのモチベーションが高く、社内の皆が同じ方向にベクトルを合わせて仕事に励んでいる点です」という西岡所長だが、このためには労使双方が常に密接なコミュニケーションを取り、仕事に対してお互いが適正に評価し合うことが必要だという。

「能力やスキルを加味して、給与や昇格に正確に反映させる事はとても難しい。しかし、それをやるのが管理職の仕事であり宿命でもあるのです」と西岡所長はセミナーや講演会で、経営者や管理職の心構えや仕事の進め方などについて力強く語りかける。

社長をはじめ、職場の管理職が、従業員の仕事を正しく評価し、適正な査定を行う事で従業員からの納得、信頼が得られ、安心して気持ち良く働くことができる。

また、広く従業員から職場環境や作業環境の改善に向けた色んな要望や改善点を吸い上げ、これらに真摯に応えて一つひとつ改善実績を積み上げていくことで、会社全体のモチベーションのアップ、生産性の向上、職場環境のクォリティ向上に繋がっていくのだ。

「管理職の人たちに対しては、少し表現が悪いですが、従業員を大切な歯車と思ってくださいと伝えています。そしてその大切な歯車を上手く動かすのはあなたたちの仕事なんですと」

一人ひとりの性格や相性、得意分野を把握して、従業員の持てる能力を大いに発揮できるよう

な仕事の割り振りを考える。

今、強く求められるコミュニケーション能力
いつでもどこでも役立つメンタルヘルス

一方、従業員を対象にしたセミナーでは、「自分の考えをはっきりと相手に伝える能力を身につけてください」とアドバイスする。働く人たちのモチベーションを高め、働き甲斐のある職場をつくり、生産性の高い生き生きした経営を実現するには、職場のコミュニケーションが不可欠であるという。そのためには、従業員一人ひとりにコミュニケーション能力の向上が求められる。

西岡所長の行うセミナーはメンタルヘルスと呼ばれる形式で行われる。「メンタルヘルスは直訳すれば〝精神的な健康〟ですが、まさに心の健康を得るためのセミナーです。元々は鬱（うつ）にならないためのセミナーでした」という。

西岡所長は、今様々な形でメンタルヘルスを応用し、それぞれの場面に応じたケーススタディに合わせて実施している。「職場をはじめ、人の集まる場所であればどんな所でも役立てることができます」と、現在は一般企業だけではなく、介護老人ホームや、専門学校などからの依頼も多く舞い込んでいる。「皆さんの仕事が終わった後に行う事が多いので、講義形式だと仕事で疲れている方はつい居眠りしてしまう受講者も出てきます。そこで、色々とやり方を工夫しています」とのことだ。西岡所長のメンタルヘルスセミナーは、毎回ワークを多く取り入れた受講者参加型で行われる。一度だけで終わらず、何度もシリーズで行うことで、意識を植え付ける狙いもあるとか。

毎月開いている自主勉強会「あひるの会」

「セミナーの内容を今後に大いに活かして欲しい。そのためには興味を持って参加し、楽しんで貰う事が大切です」。仕事の後のセミナーでは、本当は疲れているはずなのだが、参加者の笑顔が絶えず和気あいあいとした雰囲気の中で行われている。あちらこちらからメンタルヘルスのセミナー依頼が引きも切らない西岡所長だが、一方で学生を相手にした出張授業にも力を注いでいる。

障害年金の相談業務は生涯のライフワーク『学校では教えてくれないとっておきの知識』出版

「学校の授業では社会保障の事についてほとんど教えていません。しかし若いうちから知識を身につけておけば、社会に出てから必ず役に立つのです」と訴える西岡所長は、少しでも若い世代に社会保障の現実を知って欲しいという想いから、平成二十一年十二月に一冊の本を出版した。構想期間八年をかけたという本のタイトルは『学校では教えてくれないとっておきの知識』である。

「年金や保険など社会保障制度は生活する上でとても大切で、知っているのと知らないのとでは大違い」とし、「申請主義の今の日本では、法律を知った上で上手く用いないと誰も守ってはくれません」と警鐘を鳴らす。

若者向けを意識して作られたこの本は前半部分が漫画形式、後半は制度の詳細な説明と、大きく二つのパートに分かれた構成になっている。「若者だけでなく世代を通じて誰にも読んで欲しい」西岡所長の願い通り、今では企業の新人教育のテキストに取り入れられるなど、高い評価を得ている。

現在西岡所長が最も力を注いでいるのに、障害年金に関する相談がある。「国の広報不足もあるのですが、障害年金を知らない人は本当に多いのです。多くの人にこの制度を知って貰いたいです」

西岡所長が出版した
「学校では教えてくれないとっておきの知識」

障害年金が適応されるには、年金を納めていることが前提で、障害の状態が一級または二級に認定されなければならない。「厚生年金の場合はメリットが多く三級でもＯＫで一時金もあります」と付け加える。

「人工透析、ガンで全身衰弱、うつ病や統合失調、視力、視野、聴力の重い障害、化学物質過敏症などあげればきりがありません」。西岡所長によれば、障害年金は身体のどこかに働く事が困難な程の障害を抱えていれば適用される可能性が高いという。

理想は一つの企業に一人の社労士を顧問に社会保険労務士の社会的地位、存在感の向上を

ポイントは病名ではなく一人ひとりの症状が、今どのような状態にあるのかを正確に報告する事が適用への近道になるという。

「駄目もとでもいいのです。自分は適用されるのでは？と少しでも疑問に思えば、一度相談に来てほしい」と語る西岡所長は、「一人でも多く、障害年金の無年金者をなくしたい」と熱く語る。年金の申請代行は社会保険労務士にしか出来ない業務だが、その中でも障害年金は手続きが困難な上手間もかかり、社会保険労務士でもできる人、あるいはやっている人は少ない。

しかし西岡所長は、「これを私のライフワークとして取り組んでいきたい」と意気込む。社会保険労務士として多忙な日々の毎日だが、「社会保険労務士の仕事は企業相手はもちろんですが、個人相手にも年金相談などがあり対象は広い。やらなければいけない事が山積しています」という西岡所長には一つの夢がある。

「一つの企業に一人の社労士が顧問という形で必ずつくように、社会保険労務士の存在感を高めていきたいのです」と瞳を輝かせる西岡所長は、常に明朗快活でエネルギッシュだ。

「今私がこうして自由に仕事をさせて貰っているのは、夫を始めとした家族の理解があるからです」と家族への感謝を片時も忘れない西岡所長は、「開業前から十八年続いている勉強会のメンバーは、私の仕事の上での力強い知恵袋であり、心の支えです」と変わらぬチームメイトを大切にしてやまない。「応援してくれている人達のためにも生涯現役で頑張っていきたい」と人懐っこく笑う。

PROFILE

西岡 三也子（にしおか・みやこ）

大阪市出身。昭和 54 年ミノルタカメラ（現コニカミノルタ）入社。平成 5 年社会保険労務士登録。同 7 年オフィス西岡開業。平成 13 年 CFP 登録。同 15 年 1 級技能士（ファイナンシャルプランニング）検定合格。同年年金アドバイザー合格。同 18 年基礎心理カウンセラー（日本メンタルヘルス協会）取得。同 19 年特定社会保険労務士合格。著書に『学校では教えてくれないとっておきの知識』（文芸社）。企業や学校を対象にセミナー・講演活動を精力的に行う。障害年金の無年金者をなくすため、申請人の立場に立って相談・年金請求している。メンタルヘルスと障害年金がライフワーク。夫と 1 男。" 今日もついてる " が自身のモットー。

INFORMATION

オフィス西岡

所在地
〒 545 － 0035　大阪府大阪市阿倍野区北畠 3 丁目
TEL.　06 － 6651 － 7921
E-mail　office-nishioka@cat.plala.or.jp
URL　**http://www.officenishioka.biz**

アクセス
●阪堺線　天神ノ森駅から徒歩 3 分
北畠駅から徒歩 3 分
●南海線　岸里玉出駅から徒歩 8 分
●地下鉄四ツ橋線
岸里駅から徒歩 10 分
●地下鉄堺筋線
天下茶屋駅から徒歩 10 分

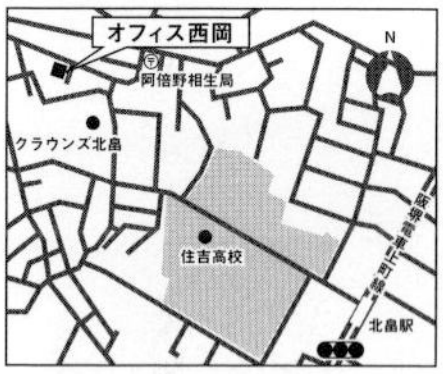

設立
平成 7 年 3 月

主な業務内容
●労働、社会保険手続き業務
●電子申請　●給与計算　●就業規則作成・変更・診断
●管理職・新人教育セミナー　●メンタルヘルス対策・セミナー
●年金教育・セミナー
●障害年金相談／請求手続き
●社会保険関連セミナー

メッセージ
社会保険労務士事務所「オフィス西岡」では、労使関係がより円満となるように、就業規則をはじめ、労務管理に関するコンサルティングを女性ならではのきめ細やかなサービスで提供し、多方面から誠心誠意サポートさせていただきます。

労務管理から事業承継まで経営全般をトータルサポート
中小企業経営者の身近な相談役

経営全体をサポートし、軍師のような役割を担っていきます

川端経営労務事務所
所長　社会保険労務士　川端 努

Close up Interview

企業の経営者は孤独だとよくいわれる。特に零細・中小の企業経営者はその傾向が顕著だ。ここでいう孤独というのは友達や人脈が少ないということではもちろんない。経営者の孤独の本質は企業経営を行う上での相談相手がいないという所にある。例えば人事の問題を従業員や家族に相談することはできないし、新事業の相談を同業他社の経営者にすることはできない。

集団のトップの立場にある経営者だからこそ抱く悩み、それがこうした孤独である。

そんな、経営者の身近な相談相手になろうと日々奮闘しているのが社会保険労務士の川端努所長だ。

「社会保険労務士としてのサポートだけでなくもっと企業経営全体のサポートを行い、社長にとっての軍師のような役割が私の目指すポジション」と力を込めて語る。

高校を卒業後、同志社大学工学部へ進学した。「この時はまだ社会保険労務士の道は全く考えていませんでした」と大学卒業後は建設コンサルタント会社に就職し、道路や農業公園などの設計に携わる仕事に従事した。

しかし勤務時代に川端所長にとってのターニングポイントが訪れた。

「自分の働いていた企業の労働環境に疑問を抱き始めました」

この想いが次第に膨らみ、今の道を志す気持ちが芽生えたという。一念発起し、勤務と並行する形で社会保険労務士の勉強を開始した。

平成十二年に晴れて社会保険労務士の資格を取得。その後は、三年近くの間、社労士事務所勤務で実務の経験を積み上げた。

「就業規則作成や助成金申請業務の案件は人一倍こなしてきました。当時の経験と人脈は今でも生かされています」

平成十五年二月にこれまでの集大成という形で〝川端経営労務事務所〟を開設、新たなスタートをきった。

就業規則は会社のカラーや特徴考慮が重要
助成金制度を活用した企業経営を

開設から十年目を迎えた現在、クライアントの数を順調に伸ばし、近畿圏内の中小企業を中心に、数多くの顧問先を一手に受け持ち多忙な毎日を送っている。

そんな川端所長が行う業務は、各種保険の手続き代行はもちろんのこと、「それぞれの企業に合ったご提案をさせて頂いています」と、就業規則の作成、労務管理書式の提供やアドバイス、助成金申請サポート、人事制度構築など企業の労務管理をニーズに合わせて幅広く行っている。

就業規則の作成に関しては「会社のカラーや特徴を考慮しながら、きっちりとした就業規則を作っておけば、労使トラブルの予防や従業員のモチベーションアップに繋げられるなど、様々なメリットが生まれますので、経営者の方には整備や見直しをお勧めしています」とその重要性を強調する。

さらに規則は作成するだけでは不十分だとも。「作った就業規則を従業員に周知させ、運用して貰うことが大切です」とのこと。

助成金に関するサポートも積極的に行う川端所長は「申請の条件が整っているにもかかわらず、制度を知らずに助成金の申請をしないままにしている経営者の方が非常に多い」と現状を語る。

労務トラブルの未然防止に力を入れている

助成金は雇用保険に加入している企業が一定の条件を満たすと、返済不要で支給を受けられる制度で、「一定の条件というのは少子高齢化や失業率悪化の対策など、国が今現在行っている施策に協力したり、法律で決められている以上の取り決めを実施すると満たすことが出来ます」という。

時代背景に合わせてこの条件は変化する。現在は就職困難者の雇い入れや、定年後の再雇用、非正規社員の正社員登用などが条件として定められているということだ。

「気をつけて頂きたいのは助成金ありきになってはいけないという点です。企業にとって必要だから行った経営判断が、結果的に助成金適用の条件だったという形でなければいけません」とポイントを指摘する。

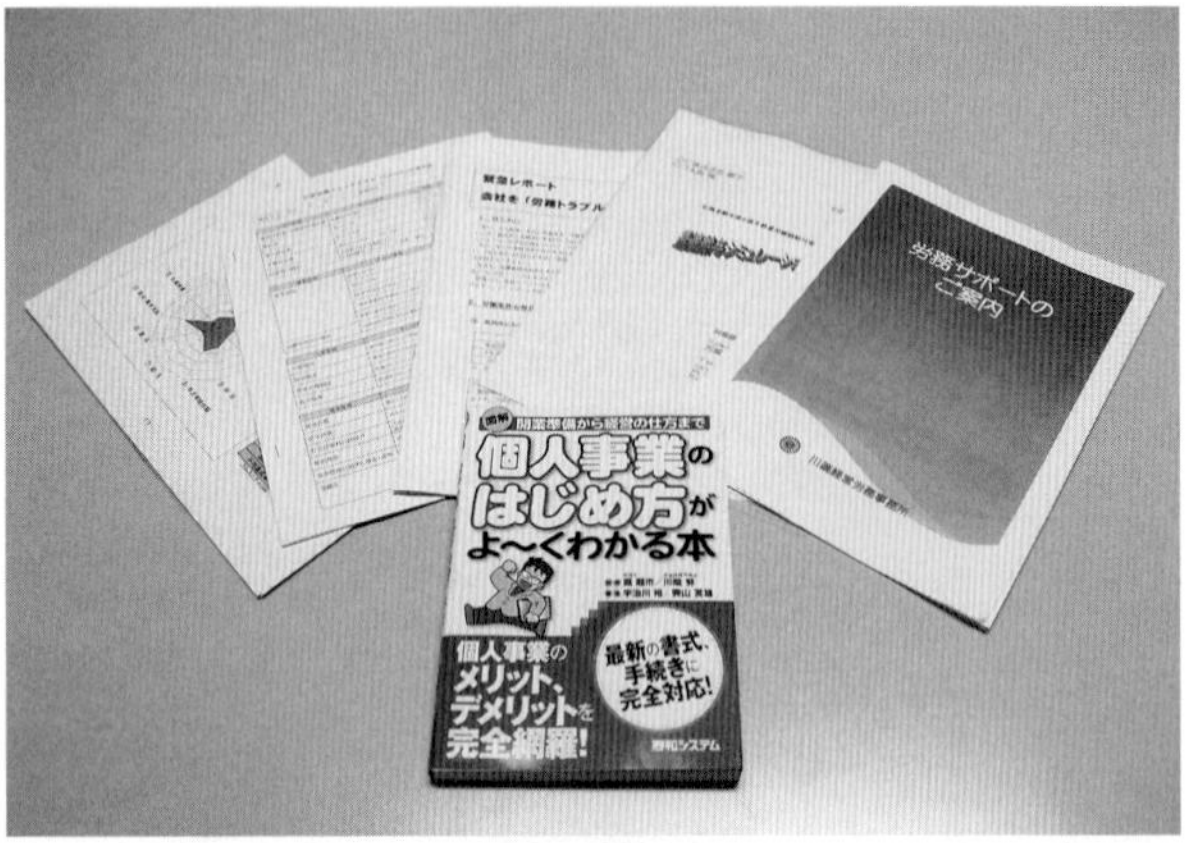

各種の助成金を活用した経営サポートも熱心だ

人事制度構築で従業員の期待像を明確に 会社と従業員間の相互理解が大切

さらに川端所長が力を入れて取り組んでいる一つに人事制度の構築がある。「従業員の働きを明確に評価し、頑張りや結果を給料にきちんと反映させられる制度づくりをさせて頂きます」とのことだ。

まずは経営ビジョンに基づいた従業員の期待像を明確にした上で、その基準をクリアするためのプロセスを構築する。

「これはいわゆる成果をあげるために従業員を育成する方法でもあります」と説明する。このプロセスを従業員全員が真摯に実践することが出来れば会社の業績アップにも繋がるというわけだ。

「人事制度は上手く運用出来れば、業績向上が期待できる上に、従業員がどう頑張れば成長でき、評価が上がり、結果、どのように給与などに反映されるのかをわかって貰える部分が大きなメリットになります」という。

一方でこうした人事制度は就業規則と同様、従業員の士気を高め、トラブルの防止にも効果を発揮する。

「大切なのは経営者の考えと従業員の考えのギャップを埋めること。人事制度や規則はそのための手段です」と川端所長は強調する。

労務トラブルは人間関係のこじれが要因に コミュニケーションと規則の取り決めで未然防止を

昨今急増している従業員からの残業代請求の問題はこの考えの相違が原因になっているケースが多い。

「残業代請求をする人は会社に対して何かしらの不満をもっている場合がほとんどで、そんな状態で会社を辞めたあとに請求されるケースが多い」というのだ。

請求が認められると、経営者にとっては予期せぬ損害となり、経営の大きな足かせになってしまう。

「逆に言うと円満であったり会社に世話になったりと従業員と良い関係を築けていれば、例え法律的に請求できたとしても従業員側は行動を起こさないでしょう」とも。

こうした残業代請求を始めとした労務トラブルは人間関係のこじれが要因となっている場合が多く「お互い後味も悪い上、団体交渉や裁判に発展するなど大ごとになる可能性が高い」とデメリットは大きい。

これらの事情から、トラブルの未然防止に力を入れるべきだと川端所長は強く訴える。「最もベストといえるのは、あらかじめ法律に則した制度や規則を書面などで構築した上で、普段から従業員と密にコミュニケーションをとり、意思の統一を図るということです」とアドバイスを送る。
これを企業が実践することで「未然防止に繋げて欲しい」と力を込めて語る。

家訓

川端家は、次の3つの心を大切にします。いつも、この心を忘れずに行動します。

一．思《おも》いやりの心《こころ》

いつも相手の気持ちになって考えるようにしましょう。相手の喜ぶことをしてあげ、嫌がることは絶対してはいけません。

一．感《かん》謝《しゃ》の心《こころ》

私たちは、周りの人たちに助けられ、支え合って生きています。このことにいつも感謝しましょう。

一．素《す》直《なお》な心《こころ》

人からの意見は素直に聞きましょう。すぐに言い訳をしてはいけません。まず自分の行動を振り返りましょう。

平成19年1月1日
川　端　　努

モットーである「思いやりの心」「感謝に心」「素直な心」は川端家の家訓

事業承継のスペシャリストとしての顔も
事業承継成功のポイントは〝後継者〟

経営に関する悩みや相談には社会保険労務士の枠を超えて対応する川端所長。中でも事業承継に関する相談に対して一層の強みを発揮する。
「会社を継続する上では必ず通らなければならない問題です」という川端所長は〝後継者の軍師〟という後継者サポートを専門に行う民間団体からの認定コンサルタント資格も取得するなど、社会保険労務士でありながら事業承継のスペシャリストという顔を併せもつ。
「創業者がゼロから創り上げた価値あるものを次世代に残したいし、社会からニーズがあれば何世代にも渡って残さなくてはいけません」と事業承継の重要性を語る。
そしてこの事業承継が成功するかどうかというのは「後継者次第」と川端所長は強調する。

先代社長とのコミュニケーションなどを経ながら、後継者自身が主体的になって〝この会社を継ぐのだ〟という決意と覚悟をもつことがまずは大切になってきます」と、気持ちの部分で後継者としての自覚を身につけることが第一のステップだという。

次に行うのは「経営者として求められる能力を徹底的に叩き込んでいきます」という。売り上げや利益から人事、経営のかじ取りなど、企業のトップとして会社で起こる全ての物事を把握しなければならないのが経営者で、「経営に必要な知識はもちろん、広い視野に加え判断力も欠かせない要素」という。

さらに「社員からの信頼を得ることも重要」だという。事業承継の時は社員のほとんどが先代経営者に雇われている場合が多く、「後継者はいわば異質な存在と思われることが少なくありません」という川端所長は、社員一人ひとりに対する面談を後継者に勧めている。

「大変労力のいることですが最初に社員一人ひとりと向き合い、思いを共有するだけで会社を良い方向に持っていける上、後々のトラブルリスクの回避にも繋げられます」

社労士の枠超えて業務全体をサポート
〝思いやり〟、〝感謝〟、〝素直〟がモットー

こうした様々なサービスや提案を日々実践する川端所長は、「経営者が業務に集中できるよう人事労務のサポートなどで、企業のお役に立ちたいというのがこの仕事を始めた時からの想いです」と語る。

より広い範囲で経営のサポートを行おうと現在は人事労務のみならず、経営全般のことをマクロな視点でもミクロな視点でも全体最適で見ることができるよう研究中だ。

「労務の視点だけでなく、財務の状況やビジネス環境を把握するなど、会社全体の知識や事情を知っていないと偏ったアドバイスになりかねません。経営者の身近な相談相手として経営の意思決定を適切にサポートするためにも日々研究と実践と検証の繰り返しが必要です」

例え相談の内容が川端所長の専門外のことであっても、「経営に関する広い知識があれば問題毎にどの専門家に依頼をすればいいかを的確に判断できます」と、弁護士や税理士など連携する各士業から、相談内容に合った専門家を紹介するなど、迅速な対応がとれるというわけだ。

「今後も知識や情報を積極的に収集し、私自身研鑽を続け、社会保険労務士という職業に誇りをもって、中小企業の経営者を支えていきたい」と前を見据えて語る。

〝思いやりの心〟、〝感謝の心〟、〝素直な心〟という三つが川端所長のモットーで、「私の家の家訓でもあります」と笑顔で語る。

四人の子供の父親として子育てに奮闘中の川端所長は、子供の教育にも熱心だ。

「年金や保険、お金のことなどは学校の授業で習うことが出来ない分野ですが、知っておけば後々役に立つことばかりなので、小中高生など学生に対して教えてあげられる場を今後はつくっていきたい」と熱意を燃やす。

どんな些細な悩みでも気軽に相談しやすい気さくな人柄がとても印象的だ。

PROFILE

川端 努（かわばた・つとむ）

昭和 48 年 6 月 1 日生まれ。大阪府出身。大阪府立大手前高等学校卒業。同志社大学工学部化学工学科卒業。建設コンサルタント会社に勤務後、平成 12 年社会保険労務士試験合格。社会保険労務士事務所勤務後、平成 15 年川端経営労務事務所開設。平成 18 年特定社会保険労務士試験合格。平成 23 年後継者の軍師認定コンサルタント。

所属：大阪府社会保険労務士会。大阪 SR 経営労務センター。大阪商工会議所。大阪府中小企業家同友会。後継者軍師会。

実績：起業家総合支援のドリームゲート登録専門家。大阪産業創造館 経営相談室（あきないえーど）登録専門家。LEC 東京リーガルマインド「社会保険労務士講座」講師。雇用・能力開発機構「社会保険・労働保険手続き実務講座」講師。茨木商工会議所、岡山商工会議所「創業塾」講師。公益社「年金セミナー」講師。その他、経営者団体、大手保険会社、USJ などで講師を務める。

出版：「個人事業のはじめ方がよ〜くわかる本」（秀和システム）監修

INFORMATION

川端経営労務事務所

所在地
〒 540-0012　大阪府大阪市中央区谷町 2 － 7 － 6
みのるビル 5 階
TEL　06 － 6945 － 5518　　FAX　06 － 6945 － 5087
E-mail t-kawabata@roumu-support.com
URL　**http://www.roumu-support.com**
メルマガ　忙しい中小企業経営者のための『ざっくり』知ろう！労働法
URL　**http://www.mag2.com/m/0001090720.htm**

アクセス
●地下鉄谷町線　谷町 4 丁目駅・天満橋駅から徒歩 3 分。

設　立
平成 15 年 2 月

経営理念
1. 私達は、中小企業経営者とその社員が互いの人間性を尊重し、共に幸せになる社会の実現に貢献します。
2. 私達は、中小企業の身近な相談役として、その健全な発展に貢献します。
3. 私達は、常に自らの品位と知識を高め、誇りを持ち、満足のできる事務所を築きます。

独自のノウハウで中小企業をサポート
画期的な労務管理システム構築（残業代繰越精算）

賃金の積み上げ方式や7時間労働制を推奨しています

社会保険労務士法人 中小企業サポートセンター
所長　特定社会保険労務士 宮本 宗浩

Close up Interview

日本における中小企業の数は約四百三十万社を数える。日本企業の実に99・7％を占めている。これら全ての中小企業の経営が円滑に機能すれば、わが国の経済は大いに活性化し、莫大な雇用が創出されるわけで、日本経済における中小企業の存在は極めて重要な役割を担っている。

こうした背景の中で、「中小企業が元気になる労務管理の仕組み作りを」と、独自の手法を駆使してさまざまな取り組みを行い、企業経営をサポートしているのが社会保険労務士法人中小企業サポートセンター所長の宮本宗浩特定社会保険労務士だ。

宮本所長は在日韓国人三世として、大阪で生まれ育った。幼少の時、母親の働き口が全く見つからなかった光景を目の当たりにし「何故こんなに働く環境が無いのだろう」と子供ながらに考えていた。

大学に進学し、当時日本では珍しかったサービス残業問題など労働経済の勉強に励む中で、自然と社会保険労務士の道を志すようになった。

大学卒業後、一九九八年に社会保険労務士の資格を取得したが、就職活動は思うように進まなかった。「このころ、社労士会の副会長に声をかけていただきました」というように、これがきっかけとなって宮本所長は大阪中央労働基準監督署に入所した。

「二年間の勤務でしたが、十年分の知識と経験を積めたと思います。ここでのキャリアが自分にとって、将来の大きな財産になりました」と当時を振り返る。

企業経営に欠かせない人事労務に関する監督を主要な業務とするこの労働基準監督署で宮本所長は、企業の実態を垣間みると共に、実務的な規則やルールを徹底的に学んだのだった。

士業が持つ旧来の事業の仕組みの打破目指す 二〇一〇年に法人設立。若い世代にもっと活躍の場を！

こうして百戦錬磨のベテランに負けじと専門知識、実務経験の蓄積に努め、二〇一〇年四月に社会保険労務士法人中小企業サポートセンターを設立した。

「法人化にしたのは旧来の士業が持つ事業の仕組みを打ち破りたかったからです」と説明する。人件費や諸経費などを勘案すれば、大きな事務所に勤めるよりも独立した方が儲かるという現実があり、社会保険労務士の世界は個人事務所を開いて活躍している人が圧倒的に多い業界になっている。

そうした中、「私は幸運だったと思います。周りの先輩たちに本当によくサポートしていただきました。今度は私が今後を担う若い世代を自分の事務所を通してサポートしてあげたい」という想いがつのると言う。

宮本所長自身、大勢で助け合いながらの事務所運営を理想に掲げ、「いずれは全国組織にしてどの地域にも支所を出し、多くの人材が活躍できる場を増やしていきたい」と意欲満面だ。

もともとさむらい（士）稼業は個人事務所が多い。宮本所長は、事務所は代表者のモノという考えではなく、助け合いの精神を大事にし、「力を合わせて皆で生きていかなければなりません。それが私のモットーです」と言い切る。

「肩書きや立場はあまり意識せず、やる気のある者を評価しバックアップしていくというのが私のやり方です。経験を積み、力や能力を身に付ければ、事務所の運営も一緒にやっていきたい」と語る宮本所長。何より従業員の意見を大切にし、仕事に対する適切な評価・診断を下す事で一人ひとりのモチベーションを高め、能力の発揮に繋げている。

精鋭のスタッフで幅広い業種に対応
賃金の積み上げ方式でモチベーションを上げる

法人事務所設立から三年目を迎えた今、宮本所長は東京事務所と大阪事務所の二ヶ所を活動の中心に置いている。顧問として受け持つ企業は、サービス業、医療関係、製造業、建設業、運送業など幅広い業種にわたる。

「特定の業種に特化しているという事はありませんが、社労士としてはそれで良いと思っています」という。

また宮本所長は「業種毎にトラブルの傾向は異なりますが、全ては労働基準法がベースになっています。したがって、幅広い業種の事情を熟知している方が、色んな角度から物事を判断できるため強みとなっています」とメリットを強調する。

現在は、労働時間、賃金制度など、労務管理に関する全般的な仕組みを経営者の要望を聞きながら体系化するなど、会社経営における労務管理全般の制度改革を業務のメインにしている。

「私が他の先生方と違う部分は、賃金の積み上げ方式や七時間労働制を推奨している所でしょう」

現在、一般的には八時間労働制を採用する企業が多い。これに対して宮本所長は七時間労働制を推奨している。

これだと休日に関する制度設計が、個々の企業経営の業務事情に応じて、自由度が高く設計できるというメリットがある。また有給休暇に関するリスクがヘッジできるという利点がある。

とくに賃金に関しては、これまでだと最初に設定された賃金に対して、遅刻や欠勤などの場合はその回数に応じて減給していく賃金形態を採用している。

これに対して宮本所長は、「基本給に勤勉手当や目標達成手当をプラスしていく加算方式を採用します。これは積み上げ型の賃金形態です。この方式を採用すれば、目標意識を高く持てる効果があり、仕事のモチベーションが俄然違ってきます」と説明に力がこもる。

残業代繰越清算で未払い請求リスクを回避
新しい賃金規定のスタンダードモデルを提唱

そんな宮本所長が今特に力を入れて取り組んでいるのが賃金の仕組みづくり。「現行の法律や今後改正されるであろう内容を考えると、その全てを適用していたら、中小企業にとっての負担が莫大なものになり、経営自体が成り立たなくなってしまう」こう警鐘を鳴らす宮本所長は中でも未払い残業代請求に着目し、新しい賃金規定の〝残業代繰越清算〟という概念を提唱している。

弁護士や司法書士の積極的サポートによって、近年増えている労働者側からの未払い残業代請求。この問題に頭を抱えている企業は多い。

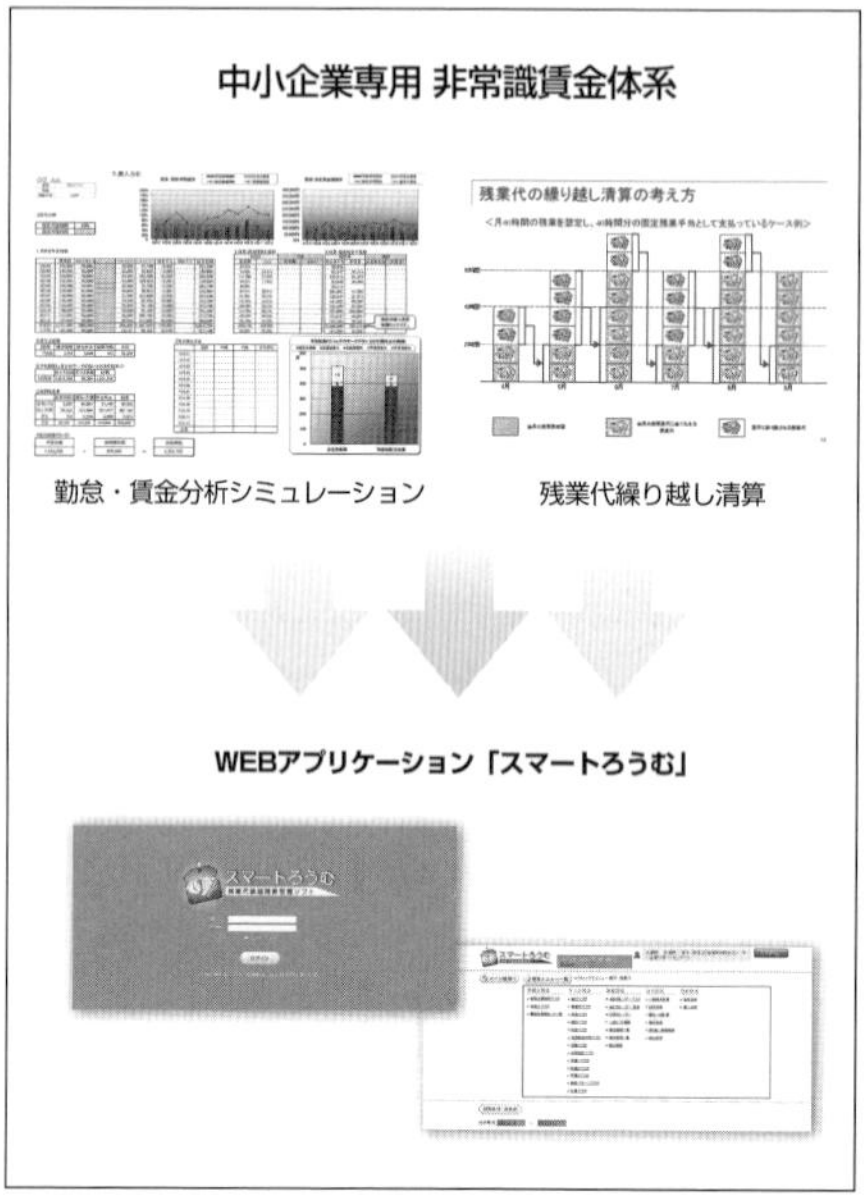

斬新な残業代繰り越し清算の概念図

「例えば残業代を予め想定し、毎月四十時間なら四十時間分固定で支払う賃金体系にしていた場合、企業側が過度の負担を強いられるケースが出てくる」

宮本所長によるとこれは残業時間に変動が出る事から生じる問題だと言い「ある月の残業時間が二十時間だったとしても四十時間分払わないといけないし、六十時間だった場合は二十時間分を新たに支払わなければなりません」

〝残業代繰越清算〟はこの時間変動に対応す

る事が出来るシステムで「会社の負担を減らす事に繋げられる制度」という。

同じケースにおいて二十時間の残業時間で四十時間分の固定残業代を払った場合、多く払った二十時間分を次の月の固定残業代の半分を前払いしたという扱いに出来るというわけだ。「次の月の残業時間が六十時間になっても前払い分を差し引くことが出来るので、結局払うのは固定の四十時間分だけで良くなる」と説明する。

未払い賃金リスクの回避にも繋がるこのシステムを「新しい賃金規定のスタンダードモデルとして世に広めていきたい」と、現在アプリケーションソフトを作成。ビジネスモデル特許も出願済みだ。

すべてのノウハウを一冊の書籍として出版　中小企業のための労務管理のバイブル

企業にとって有益となるノウハウや考え方を数多く考案する宮本所長は「私はいつだって中小企業の味方でありたい」と語る。七時間労働制や賃金の積上げ方式、また、残業代の繰り越し清算など前述した内容も含めて、一冊の本にまとめた書籍も二〇一一年に出版した。

「今まで世に出ている人事や賃金など労務管理に関する書籍は、結局法律に則した内容であり、本当の意味で中小企業の経営者のお役には立てない。中小企業で働く人が大多数を占める日本においては、中小企業にこそ家族を含めた大勢の人の生活がかかっていると言っても過言ではありません。多くの人が安心で幸せな人生を送るためには、中小企業の発展・永続は不可欠なものです」

こうした想いに突き動かされ、今までのノウハウを出し惜しみすることなく『残業代・賃金・有給休暇、そんなに払っていいんですか?』を完成させた。

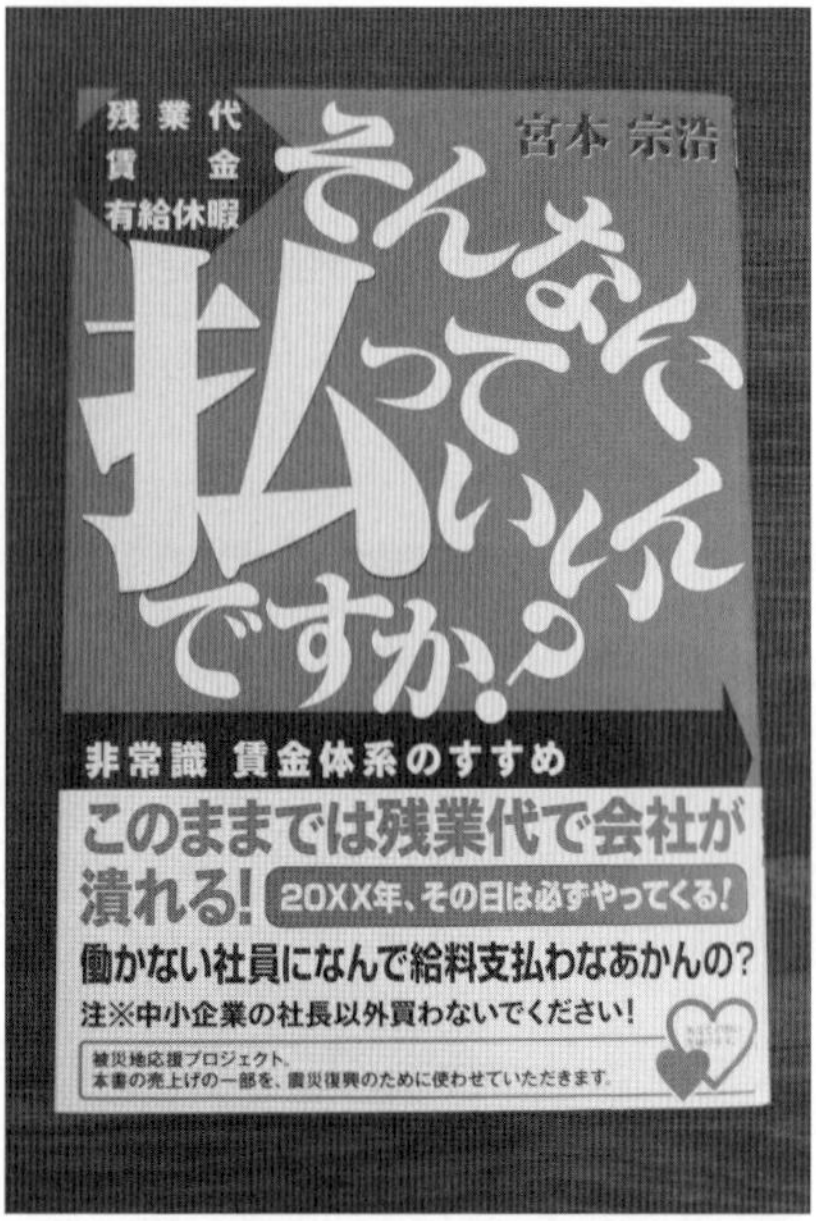

全てのノウハウを一冊にまとめた
中小企業のための労務管理のバイブル

「企業があるからこそ従業員がいる一方、従業員がいるから企業が成り立つ。どちらの立場も尊重したい。しかしながら、中小企業ではとても対応できない法律や労使トラブルから会社を守る方法を本書では網羅してあります。一人でも多くの企業経営者に読んで貰い、経営に活かして欲しい」と宮本所長は語る。

　前述した賃金体系や残業代未払いの請求、さらに有給休暇申請など、労務管理における様々な問題に対して、中小企業として、どういった方法を用いるのかがわかりやすく記載されている。

　本書の内容、そして宮本所長自身も企業に対して口を酸っぱくして言っているのは「トラブルは未然防止をしなければならない」という事。

「何かあってから対処するというのではダメなんです。特に労使トラブルは一度起きてしまうと泥沼化する事も多く、それが原因で倒産に追い込まれるといったケースも少なくありません」

　事前に予防措置を打てるかどうかは最終的に経営者の意識による所が大きいが「会社の経営状態が良い時にリスクヘッジを考えて欲しい。対応が後手後手になってはいけない」とのアドバイスを送る。

セミナー、講演活動も精力的に展開している

日本一の事務所を目指して邁進する
人間力を鍛え過酷な労使トラブルに対応

社会保険労務士としての業務に加え、事務所の運営や若手の育成、さらに書籍の執筆、セミナー・講演活動まで行い多忙な日々を送っている宮本所長は今後、「都心部だけでは無く、地方にも経済活動の販路を拡大していきたい」という。

そのため士業のネットワーク構築に取り組むと共に、セミナーを積極的に行っている。「私の考えに賛同し、システムを導入して頂ける中小企業をどんどん増やしていきたい」と将来を見据えて語る。

また、「何事もやるからには一番を」というポリシーを持つ宮本所長は中小企業サポートセンターを「日本一の事務所にしたい」との夢を持つ。「日本一事務所を大きくしたいということでは無く、中小企業の為に本当に実践的なアドバイスが出来る日本一の事務所というのがその趣旨で、その結果において知名度、発想、規模など事柄は何でもいい。出来れば全てで一番を取れればそれがベストです」と瞳を輝かせる。

一方で所属するスタッフに対して宮本所長は「言われた事だけやるのではなく、自ら考え動くことが大事」といつもいっている。

「試行錯誤し、多くの悩みや苦しみを経験すれば人間的に大きく成長できる。仕事は生活のためにお金を稼ぐといったことだけではなく、人間的成長の場として人生において非常に大事な役割を果たす場だと考えます」

宮本所長自身も失敗や挫折を数多く味わってきたが「今振り返れば全ての経験が無駄ではありませんでした。ネガティブな経験は、自分の器を大きく出来るチャンスなんです」

スタッフに対してこうした成長を求める背景には、労使トラブルにおける対応の過酷さも一因となっている。団体交渉などの場合は怒りの感情と共に主張をぶつけてくることが多い。

「それを全て受け止め冷静に交渉を進めていくには法律知識を知っているだけではだめ。人間力も問われるんです。仕事をする上で、最も大事なことは人として成長することだと考えています。今のスタッフ達にはそういう部分も育ててあげたいですね」と力強く語る宮本所長。三十九歳。気さくな表情に頼りがいのある豊かな人間味があふれる。

PROFILE

宮本 宗浩（みやもと・むねひろ）

1972年10月24日生まれ。在日韓国人3世として大阪に生まれる。1997年大学卒業後、1998年社会保険労務士の資格を取得。1999年大阪中央労働基準監督署にて労働相談員を兼務しながら個人事務所開設。2010年社会保険労務士法人中小企業サポートセンター開設。2011年東京事務所開設。所長。特定社会保険労務士。

座右の銘は「訓練なくして成長なし、成長なくして成功なし」。

企業に〝富〟を！ヒトのエキスパート
企業経営の健全な発展を強力にサポート

企業よし、従業員よし、世間よしの三方よしの実現を！

富田労務管理事務所
所長　特定社会保険労務士　富田　隆

Close up Interview

『ヒト・モノ・カネ・情報』の四要素から成る企業経営。中でも〝ヒト〟は全ての出発点として重要な役割を担う。パナソニック創業者松下幸之助の〝企業は人なり〟という言葉通り、モノもカネも情報も結局は〝ヒト〟の力を抜きにして生み出す事は出来ない。

このように、企業業績の向上に欠かせない〝ヒト〟の育成・マネジメントのスペシャリストが富田労務管理事務所の富田隆所長だ。

現在三十二歳と社労士の世界では若手の部類に入るが、「もちろん経験では他の先生方には敵いません。その分、お客様と向き合い、行動力と発想力で補っていきます」と力を込める。

大阪市大正区で生まれ育ち、学生時代も大阪市大正区で過ごす。大学在籍中から勤務していた塾の講師業を経て、社会保険労務士の資格を取得。

その後、会計事務所で勤務するという異色の経歴を持つが、これに対しては「人事労務と経営・税務会計は一体です。経営と税務会計の知識を兼ね備えることで企業に対してより効果的なアドバイスができると思いました」と振り返る。

実務経験を重ねて平成二十一年に独立。一年後の平成二十二年には特定社会保険労務士の資格も取得した。

「特定社労士の資格を取得することで、事後的に万が一のトラブルが発生しても、その処理に対応することができます。もしもの時のために取得しました」

経験を重ね、勉強に励み、満を持する形で富田労務管理事務所を開設して船出となった。地下鉄長堀鶴見緑地線の大正駅1番出口の目の前にある現在の事務所は、アクセス抜群の立地である。「私たちの事務所に来られる方が迷わないように」という配慮がなされている。事務所の入口近くには看板が建てられ、毎日日替わりのメッセージを発信する。士業の事務所らしからぬ明るい雰囲気が伝わってくる。

ここには、富田所長の「スタッフや家族をはじめ、この事務所に関わる皆さん、そして事務所の前を通る方全てを前向きで楽しい気持ちにさせたい」との想いが込められている。

能力を最大限に発揮できる職場が理想 専門的な人事労務コンサルタントが強み

「毎月一回は必ず顧問先を訪問するようにしている。現場に行かなければわからない事も沢山ありますから」

富田所長は、クライアント企業の社長のモノの考えや、企業、従業員に対する想いなどを聞いて理解する一方、社内の雰囲気を観察する。その際に気付いた点や改善すべき箇所を社長に報告し、今後に活かしたコンサルティングを行う。

「従業員が仕事を楽しみ、能力を最大限に発揮できる職場環境をつくり、企業業績の向上に貢献したい」

富田所長によれば、こうした職場の環境が会社を大きく成長させる一番の要因になるのだとか。

「従業員と企業がお互いを想いやる気持ちを持つ事が大切です。そうすれば企業の成長に繋がる爆発的な力が生まれるんです」

企業と従業員のパイプ役となって経営にプラスになる提案を行い「財務諸表を確認しながら、具体的な数字の部分からもアドバイスができる点は自分の強み」とも。過去の会計事務所での勤務経験が今、大いに活かされているというわけだ。

「従業員の給与額の妥当性などは、会社の売り上げやキャッシュフローなどが正確に読めないと

事務所内は、常に活気があり和気あいあいとしている

判断できません」。

企業経営に対してこのようにシビアなフォローができるのは富田労務管理事務所ならではのこと。「もちろん必要があれば専門の税理士の先生を紹介する事もできます」と付け加える。

さらに富田所長の実兄が司法書士・行政書士であることから、「お互い情報を共有し合うことで、効果的でスピーディーな連携がとれる」とそのメリットを強調する。

適正な評価制度の明確化で会社を元気に業務の代行で経営に専念できる環境を

「伸びている企業に共通しているのは社員が会社に忠誠を尽くし、生き生きと働いている点です。私の役割は社員の能力を最大限に発揮できる職場環境を実現し、活気ある会社を一社でも多く作り、皆さんを元気にすることです」

現在、製造業や建設業、サービス業、教育産業、美理容業、医療業といった幅広い業種を顧問先として抱える。主な業務として、就業規則の作成が挙げられる。

これについては「規則を作り、経営者・従業員が共通の認識を持つことで、緊急事態が生じた場合に迅速な対応を取ることが出来ます。労働トラブルを未然に防ぎ、トラブル後の企業防衛にも繋がる。作ったものを皆で共有し有効に活用できるように、お手伝いをすることです」と説明する。

ゆとりある老後の生活提案コンサルティングにも力を入れている

経営者や人事担当など管理職に規則を理解して貰おうと、就業規則とは別に〝規則運用マニュアル〟を作成している。

また、従業員に対しても同じ様に規則を噛み砕き、職場ルールを明確にした独自の〝オフィスルールブック〟を作成している。「作っただけで、運用できない規則は、労使双方にとって逆に大きなリスクとなりますからね」との理由だ。

さらに人事労務制度の企画・立案では、従業員一人ひとりの仕事に対する能力をベースに、役職や賃金を決める等級制度を採用し、仕事に対する適正な評価制度を構築した。

「賃金や退職金、能力開発も制度化し、個々の従業員に明確な目標を持たせる事でモチベーションの向上に繋がれば」という。同時に評価する方も評価制度を理解していないと意味がないので、研修・説明会などを実施して、評価者が理解して運用できるようにしている。

さらに富田所長は給与計算代行にも力を入れており「給与にかかる保険料や税率の計算などは煩わしく手間もかかります。こうした作業は私たちに任せて貰えれば、その分、会社は企業経営に専念できるメリットが生まれます」とアピールする。

このほか、顧問パートナーとして役所や関係官庁からの勧告、調査への対応や、さまざまな手続きなどのサポートを行なっており、その業務は多岐にわたっている。

個人向け年金・保険相談業務を第二の柱に老後のゆとりある生活に繋がるアドバイス

〝ヒト〟という観点から企業サポートを実践する富田所長は、今後年金・保険相談を踏まえたライフプランの提案に力を注いでいくという。

「今までは対企業向けの業務一本でしたが、経営者の方で企業のビジネスプランは立てているが、経営者ご自身のライフプランを立てている方が少ないことに気付きました。そこで、老齢年金・障害年金・遺族年金などの年金相談業務を中心に、たくさんの方々がゆとりある老後生活を送れるような、またご自身に万が一の事が起きた場合に対応できるようなコンサルティング業務をもう一つの業務の柱にしていきたい」と意気込む。

年金事務所で週に一度年金相談業務や、社労士を対象に年金をテーマとした講演を行うなど、年金に関する知識は豊富だ。

講演・セミナーや社会貢献活動も熱心だ

また、「地域の高齢者やクライアント企業の社長や従業員など、多くの人たちの切実なニーズを感じた」ことから、年金のコンサルタント事業に乗り出した。

「将来に対する不安や悩み、要望をしっかりとヒアリングした上で、個々のライフプランに合わせた提案を心がけています」と富田所長は、老齢年金にプラスアルファの個人年金・保険などをベースにした老後のゆとりある生活提案のコンサルタント業務に力を入れている。

母親が保険代理店業務に従事していた関係もあって、事務所でも一部の保険代行を行なっていたが、平成二十四年初旬に総合保険取扱会社と業務提携して、様々な保険商品の販売が可能になった。

「保険会社毎に年金・保険プランの内容は異なりますが、お客様の細かいニーズに応える事ができるのは大きなメリット。自分自身もっと勉強して、企業経営者の方・従業員の方、また個人のお客様にとって最も適したライフプランを提案できるようにしていきたい」と力が入る。

地域住民やクライアント企業を対象にした無料相談会も計画しており、「認知度を高めて一人でも多く、困っている人の力になってあげたい」とＰＲに熱がこもる。

地域を愛し、社会貢献活動を積極的に推進 モットーは〝本業に勝るものなし〟

企業向け労務コンサルタントと、個人を対象にした年金相談を業務の二本柱とする富田労務管理事務所だが、一方地域に対する社会貢献活動にも積極的だ。「生まれ育った大正区には愛着もあり何とか恩返しが出来ないか、と以前から考えていました」という富田所長。

近隣地区の防災会議にも出席し「大正区は海抜マイナス地域のため、地震や津波対策は極めて重要です」ということで、時に休日返上での作業も行い、地域に対する郷土愛が伝わってくる。

こうした地域活動は父親譲りのものだという。「父は大正区少年軟式野球連盟の会長を務めるなど、昔からの知り合いも多く、父を通じて区長など地域の重役の方々と知り合えたことで、大正区との深い繋がりを持つことができました」

地域に根ざして八面六臂の活躍だが、富田所長は、「あくまで自分の本分は社会保険労務士です」と父親からの教えである〝本業に勝るものなし〟の精神を貫く。「社労士として、一社でも多くの企業の相談にあずかって、力強くサポートしていきたい」と目を輝かせる。

仕事も遊びも楽しむ姿勢が大切 〝死ぬまで社労士〟と決意も新た

日々の業務に加え、講演・セミナー活動や社会貢献活動にと、忙しい毎日を送る富田所長の表情に、気負いや悲壮感はなく「忙しさ以上にやりがいや楽しさを感じながら仕事をさせて貰っている」と満面笑みを浮かべる。「企業の社長や従業員には仕事でも何でも、どこか楽しむ気持ちを持って欲しい」とのアドバイスを送る。仕事を楽しむその姿勢が「好結果に繋がる」とも。

自身で興味を持った事はどんな事でも挑戦するのが富田所長の身上で、「楽しんでやらせて貰っている」というフェイスブックやブログ・ツィッターでの情報発信は透明性の確保や信頼の獲得に繋げている。空いた時間には野球・競馬などのスポーツ観戦や舞台鑑賞などに足しげく通い、「ライブでの観戦・観賞は仕事に活かせるヒントが沢山詰まっています。アイデアの閃きに繋がれば一石二鳥です」と目を細める。

たくさんの聴衆を前にしたセミナーも、当初から緊張することなく自然体でこなせたのは、「昔、塾で講師を務めた経験が活きたためです」とのことで、ごく自然に人前で話すことに長けている。「かつての経験が無意識のうちに活かされたという経験は、これまでに何度もありました」と振り返る。今後はとくに、企業の業績アップに繋がる新たな企画を立案するなど、労務・経営コンサルタント分野の充実を目指す。

〝企業よし・従業員よし・世間よし〟の三方よしの実現に向けて〝ヒト〟に関する専門的なコンサルタントをライフワークに「目標は死ぬまで社労士」と言い切る。

仕事も遊びも楽しみ、いつも明るく元気でポジティブな雰囲気が印象的だ。「ずっとサポートしてくれた両親・家族、そしてお客様に恩返しするために精一杯頑張っていきたい」と感謝の気持ちを忘れない。

PROFILE

富田 隆（とみた・たかし）

昭和55年4月22日生まれ大阪府出身。大学在学中からの塾の講師を経て、社会保険労務士の資格を取得。会計事務所勤務で実務経験を積み平成21年に独立。平成22年現在の事務所に移転。

特定社会保険労務士。大阪府社会保険労務士会大阪西支部所属。労働保険事務組合大阪SR経営労務センター所属。年金事務所・金融機関での年金相談、教育訓練校でのセミナー講師、企業・従業員向けのセミナーを数多く経験。趣味はスポーツ観戦。

INFORMATION

富田労務管理事務所

所在地　〒551－0001　大阪府大阪市大正区三軒家西1－17－2
大正駅前サンコービル2階
TEL　06－6599－8934　　FAX 06－6599－8937
E-mail　info@tomita-pmo.net
URL　**http://tomita-pmo.net/**

アクセス
● JR環状線 大正駅より徒歩2分
●地下鉄長堀鶴見緑地線 大正駅より徒歩1分

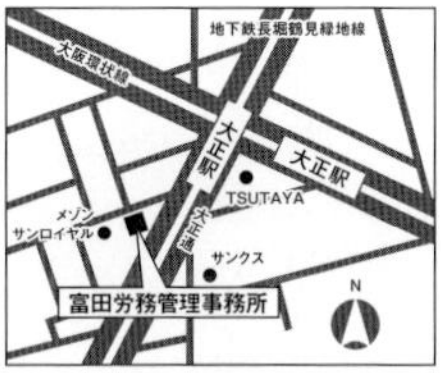

設　立　平成21年

営業時間　平日　午前9時－午後5時30分
休業　日・祝日

経営理念　私達はお客様のために、常に何が出来るかを考え、感謝の心を忘れず最大限の努力をし、誠実なるサポートをし、私達は積極的に情報収集や研修に努め、日々成長しすべての人々に信頼された、明るく活気のあるチームを目指します。
私達は事業活動を通じ、専門的な知識を持って、地域社会の発展に貢献します。

業務内容
・人事労務顧問（コンサルティング）
・就業規則作成／変更　・人事労務制度　企画／立案
・給与計算　・年金相談　・関係官庁調査／立会
・その他 各種手続き

メッセージ　富田労務管理事務所は、企業経営に欠かすことのできない『ヒト』に関し、専門家である特定社会保険労務士が、企業経営の健全な発展を強力にサポートします。
日常の疑問、お悩みなどなんでもお気軽にお問い合わせ下さい。お客様からのご依頼、ご相談、お問い合わせへ迅速に対応いたします。

巻末資料①『弁護士の使命と役割』

■弁護士の使命

弁護士は、基本的人権を擁護し、社会正義を実現することを使命とします（弁護士法1条1項）。

弁護士は、この使命にもとづいて誠実に職務を行います。

■弁護士の役割

〜法律の専門家として、そして「社会生活上の医師」として〜

弁護士は、法廷活動、紛争予防活動、人権擁護活動、立法や制度の運用改善に関与する活動、企業や地方公共団体などの組織内での活動など、社会生活のあらゆる分野で活動しています。

弁護士は、社会で生活するみなさんの「事件」や「紛争」について、法律の専門家として適切な予防方法や対処方法、解決策をアドバイスする「社会生活上の医師」なのです。

病気の予防が大事なのと同じように、社会生活での争いごとを未然に防ぐ活動は、弁護士の重要な役割の一つです。

弁護士が扱う事件には、大きく分けて民事事件と刑事事件があります。それぞれにおける弁護士の役割を以下で説明します。

□民事事件

民事事件は、金銭の貸借、不動産の賃貸借、売買、交通事故、欠陥住宅や医療過誤などの普段の生活の中で起こる争いごとです。広くは、離婚や相続などの家事事件、商事事件、労働事件、行政事件などを含みます。

弁護士は、これらの事件について、法律相談、和解・示談交渉、訴訟活動や行政庁に対する不服申立てといった法律事務などを行っています。

「人の争いごとにどうして弁護士が関わるの？」

こんな疑問をお持ちの方もいらっしゃるかもしれません。しかし、このような事件においても、当事者の話し合いだけに委ねていたら、解決がつかなかったり、力の弱い人や法的知識のない人が泣き寝入りを強いられることにもなりかねません。

弁護士は、依頼者の立場にたって「法的に守られるべき利益は何か」を模索し、依頼者の正当な利益を実現して紛争を解決するために活動します。このような一つ一つの活動が、人権擁護と社会正義の実現につながるのです。

□刑事事件

刑事事件は、罪を犯した疑いのある人（裁判所に起訴される前は被疑者、起訴された後は被告人といいます）の捜査や裁判に関する事件をいいます。

弁護士は、刑事事件において、弁護人として被疑者や被告人の弁護活動をします。

「どうして悪い人の弁護をするの？」

こんな疑問をお持ちの方もいらっしゃるかもしれません。しかし、捜査の対象となったり、刑事裁判を受けることになったり、犯人であるかのような報道がされたりしても、本当にその人が犯罪を行った「悪い人」であるとは限りません。

弁護人の最も重要な役割は、えん罪の防止です。えん罪は、無実の市民の自由を奪い、その家族の生活を破壊する最大の悲劇です。えん罪の多くは、捜査機関が犯人だと決めつけ、発表された情報にもとづいて、多くの人がその人を犯人だと思いこみがちな状況で発生します。だからこそ、多くの人が被告人が犯罪を行ったと思っている状況でも、無罪の可能性を追求する弁護人の役割が必要なのです。

また、行き過ぎた刑罰が科されたり、違法な手続が見逃されたりしないようにするためにも、弁護人は被告人の立場から、意見を述べ、証拠を提出します。

このような弁護人の活動は、まさに人権擁護と社会正義の実現のためのものにほかなりません。

あなたや、あなたの大切な人にいわれのない疑いが向けられたとき、弁護人は、最後の一人になっても、ベストを尽くします。

（出典：日本弁護士連合会）

巻末資料②　『税理士とは』

税理士はあなたの信頼に応えます。暮らしのパートナーとして身近にいつでも相談できる親しい税理士を見つけておくことも生活の知恵です。

健康のことでホームドクターに相談するように税金のことは税理士に「事前」に相談することがもっとも賢明な方法です。

税理士は職務上知り得た秘密を守り（守秘義務）、相談者との信頼関係を揺るがすことはありません。社会公共的使命をもって公平な税負担により、住みやすい豊かな暮らしを守る。これが、税理士の社会的使命です。

時代に適合した透明な税務行政がなされるよう、公正な立場で、税理士は国への働きかけをしています。それらの使命を全うするため〝税理士会〟という大きな組織の力で日々活動しています。

『申告納税制度の担い手として』

税理士は、税の専門家として納税者が自らの所得を計算し、納税額を算出する申告納税制度の推進の役割を担います。

正しい税金の知識を持ち、正しい納税の意識を身につけ、賢い納税者となっていただくため、税理士はその手助けを惜しみません。

「税理士はこんな仕事をしています」

□**税務代理**……あなたを代理して、確定申告、青色申告の承認申請、税務調査の立会い、税務署の更正・決定に不服がある場合の申立てなどを行います。

□**税務書類の作成**……あなたに代わって、確定申告書、相続税申告書、青色申告承認申請書、その他税務署などに提出する書類を作成します。

□**税務相談**……あなたが税金のことで困ったとき、わからないとき、知りたいとき、ご相談に応じます。「事前」のご相談が有効です。

□**ｅ－Ｔａｘの代理送信**……あなたの依頼でｅ－Ｔａｘを利用して申告書を代理送信することができます。この場合には、あなた自身の電子証明書は不要です。

□**会計業務**……税理士業務に付随して財務書類の作成、会計帳簿の記帳代行、その他財務に関する業務を行います。

□**補佐人として**……税務訴訟において納税者の正当な権利、利益の救済を援助するため、補佐人として、弁護士である訴訟代理人とともに裁判所に出頭し、陳述（出廷陳述）します。

□**会計参与として**……中小の株式会社の計算関係書類の記載の正確さに対する信頼を高めるため、会計参与として、取締役と共同して、計算関係書類を作成します。

「会計参与」は株式会社の役員です。税理士は会計参与の有資格者として会社法に明記されています。

□**社会貢献**

税理士は…

・「税理士記念日（2月23日）」や「税を考える週間（11月）」などに、無料で税務相談を行っています。
・民事・家事調停委員として紛争解決に携わっています。
・税務の専門家として「法テラス（日本司法支援センター）」に協力しています。
・高齢化時代に向けて「成年後見制度」に積極的に参画しています。
・地方公共団体の監査委員として活躍しています。
・「年金記録確認第三者委員会」に年金実務の精通者として参画しています。
・将来を担う子供たちへの租税教育に、積極的に取り組んでいます。

・税制及び税務行政の改善に寄与するため、国に対し「税制改正建議書」を提出しています。

『新しい時代に向かって』

税理士は税の専門家として
・会社法においては……現物出資にかかる評価証明者として
・地方自治法においては……都道府県や市町村における税金の使途をチェックする外部監査人として
・政治資金規正法においては……「国会議員関係政治団体」の政治資金監査を行う登録政治資金監査人として
・地方独立行政法人法においては……地方独立行政法人の業務を監査する監事として
・中小企業経営承継円滑化法においては……遺留分算定に係る合意価額の証明者としてそれぞれ「税理士」が有資格者として明記されています。

新しい時代に向かって、より多くの場面で皆様のお役に立てるよう、税理士はチャレンジしています。

「税理士は〝あなたの暮らしのパートナー〟です。」

■税理士業務は、有償・無償を問わず、税理士又は税理士法人以外の者が行うことはできません。ところが、毎年、税理士でない〝無資格者〟によって多くの方々が被害を受けています。わたしたち税理士は税理士証票を携行し、「バッジ」を着けています。
また、税理士は、必ず税理士会に所属し、日本税理士会連合会に備える名簿に登載されています。

（出典：日本税理士会連合会）

巻末資料③『公認会計士とは』

■『公認会計士の使命』

世界中の公認会計士が、自国企業の財務情報の正しさを保証しています。世界約120ヶ国（約160団体）で、およそ250万人の公認会計士が、自国の企業等が公開する財務情報を検証し、世界中の投資家に開放される株式市場においてその正しさを保証しています。

公認会計士の使命

公認会計士は、監査及び会計の専門家として、独立した立場において、財務書類その他の財務に関する情報の信頼性を確保することにより、会社等の公正な事業活動、投資者及び債権者の保護等を図り、もって国民経済の健全な発展に寄与することを使命とする。

（公認会計士法第1条）

1、**公認会計士は、監査及び会計の専門家である**……公認会計士は、その主な業務である「監査」の専門家、及び「会計」の専門家として、わが国の経済活動の基盤を支える幅広い役割を果たしている。

2、**「独立した立場」とは**……公認会計士は、被監査会社のみならず何人からも独立した立場で、公正性と信頼性を確保している。

3、**「財務書類その他の財務に関する情報の信頼性を確保する」とは**……会社等が作成する貸借対照表、損益計算書等の財務書類はもちろんのこと、広く財務に関する情報の信頼性（会社等の経営の内容を正しく表していること）を公認会計士が監査を通じて付与することをいう。

4、**「会社等の公正な事業活動、投資者及び債権者の保護等を図り」とは**……公認会計士は、監査を通じて、「会社等」における不正の発見等により公正な事業活動を図ることを意味している。「会社等」とは私企業に限られるのではなく、学校法人、公益法人、公会計の対象となる事業体なども含まれ、その対象はどんどん広がっている。

同時に、投資者（企業に出資している株主）と債権者（会社法の対象となる大会社の利害関係者）の保護、合わせて資本市場に対する信認の確保が、期待されているのである。

5、「もって国民経済の健全な発展に寄与することを使命とする」とは……公認会計士が監査証明という公共性の高い業務を行うことを主な業務としていることによって、最終的には国民経済全体の健全な発展に貢献することが位置付けられたものであり、公認会計士の存在が「公共の利益の擁護」に貢献するという意味も含んでいる。

『公認会計士の仕事内容』

公認会計士は、開業登録をしたのちに監査・会計の専門家として、独立した立場において「監査証明」を主たる業務とし、「会計」、「税務」「コンサルティング」の業務を行っている公認会計士もいます。

1、監査

企業から学校法人、地方公共団体など幅広い対象について、財務情報の適正性につき意見を表明し、その信頼性を保証します。監査証明業務には、法定監査と法定監査以外の監査があります。

〈法定監査〉

法律の規定によって義務付けられているものです。主なものは次のとおりです。

- **金融商品取引法に基づく監査**

特定の有価証券発行者等が提出する有価証券報告書等に含まれる財務計算に関する書類（貸借対照表や損益計算書等）には、公認会計士又は監査法人の監査証明を受けなければならないとされています（金融商品取引法第１９３条の2第1項、同第2項）。

- **会社法に基づく監査**

大会社及び委員会設置会社は、会計監査人を置くことが義務付けられています（会社法第

327条、同第328条)。

また、会計監査人を置く旨を定款に定めれば、すべての株式会社は会計監査人を置くことができます。会計監査人の資格は、公認会計士又は監査法人でなければいけません。

- 保険相互会社の監査
- 特定目的会社の監査
- 投資法人の監査
- 投資事業有限責任組合の監査
- 受益証券発行限定責任信託の監査
- 国や地方公共団体から補助金を受けている学校法人の監査
- 寄付行為等の認可申請を行う学校法人の監査
- 信用金庫の監査
- 信用組合の監査
- 労働金庫の監査
- 独立行政法人の監査
- 地方独立行政法人の監査
- 国立大学法人の監査
- 公益社団・財団法人の監査
- 一般社団・財団法人の監査
- 放送大学学園の監査
- 農業信用基金協会の監査
- 農林中央金庫の監査
- 政党助成法に基づく政党交付金による支出などの報告書の監査
- 地方公共団体の包括外部監査
- 労働組合の監査　など

〈法定監査以外の監査〉

医療法人（※）、社会福祉法人、宗教法人、農業協同組合・水産業協同組合、消費生活協同組合（※）、特例民法法人などの監査

- ※一部法定監査が導入されています。

2、税務

公認会計士は税理士登録し、税理士会に入会することにより、税務業務を行うことができます。税務業務の事例としては、次のようなものがあります。

- 企業及び非営利法人への税務指導と税務申告
- 企業再編に伴う税務処理及び財務調査
- 移転価格税制、連結納税制度などの指導・助言
- 海外現地法人、合弁会社設立を含む国際税務支援
- その他税務相談、指導・助言、代理（法人税、所得税、事業税、住民税、相続税、贈与税、消費税など）、申告代理から税務官庁との交渉まで

3、コンサルティング

コンサルティング業務の事例としては、次のようなものがあります。

- 相談業務（会社の経営戦略、長期経営計画を通じたトップ・マネジメント・コンサルティング）
- 実行支援業務（情報システム・生産管理システム等の開発と導入）
- 組織再編などに関する指導、助言、財務デューデリジェンス
- 企業再生計画の策定、検証
- 環境・CSR情報の指導、助言
- 株価、知的財産等の評価
- Trustサービス（WebTrust、SysTrustの、原則及び基準に基づく検証・助言）
- システム監査、システムリスク監査（システム及び内部統制の信頼性・安全性・効率性等の評価・検証）
- システムコンサルティング（情報システムの開発・保守、導入、運用、リスク管理等に関す

るコンサルティング）
・不正や誤謬を防止するための管理システム（内部統制組織）の立案、指導、助言
・資金管理、在庫管理、固定資産管理などの管理会計の立案、指導、助言
・コンプライアンス成熟度評価
・コーポレート・ガバナンスの支援

（出典：日本公認会計士協会）

巻末資料④　『社会保険労務士とは』

□社会保険労務士の役割……企業の健全な発展・労働者の方々の福祉の向上

「社会保険労務士」は、労働・社会保険に関する法律、人事・労務管理の専門家として、企業経営の3要素（ヒト・モノ・カネ）のうち、ヒトの採用から退職までの労働・社会保険に関する諸問題、さらに年金の相談に応じる、ヒトに関するエキスパートです。

□社会保険労務士の定義……社会保険労務士法に基づく国家資格者

社会保険労務士は、社会保険労務士試験に合格した後に連合会に備える社会保険労務士名簿に登録することで、プロとして社会で活躍しています。

社会保険労務士の定義は「社会保険労務士法に基づき、毎年一回、厚生労働大臣が実施する社会保険労務士試験に合格し、かつ、2年以上の実務経験のある者で、全国社会保険労務士会連合会に備える社会保険労務士名簿に登録された者」と法律により定められています。

□社会保険労務士の業務

1、人事労務管理のコンサルティング

労働者の能力を活かせる職場づくりを支援します

こんな問題を解決します！
以下を中心にコンサルティングを行います。
・就業規則の作成、変更
・労働時間、休日等の労働条件
・賃金制度の統計
・個別労働関係紛争の未然防止と解決（紛争解決手続代理業務は特定社会保険労務士のみ）
・安全衛生管理
・福利厚生

65歳までの雇用の確保が義務づけられ、契約社員・パート・アルバイト・派遣社員といった雇用の多様化が進む昨今、多様化した人材の能力をいかに引き出し活用するかが、企業の生産性を高めるための重要課題だと言えるでしょう。

企業の業績アップには、年俸制や能力給等の導入といった賃金体系の変更、能率を上げるための労働時間制など、職場のみなさんがいきいきと働ける環境づくりへの工夫が欠かせません。しかし、それぞれの企業が業績をアップさせるために最も適した体制は、その業種や、働く人と顧客の性別・年齢層などによって異なります。

社会保険労務士は、その会社の実情を専門家の目で分析し、きめ細かいコンサルティングを行います。企業の発展を促すことは、労働条件の改善にもつながり、企業の更なる活力を生み出します。

2、年金相談
払った年金、受け取れていますか
こんな問題を解決します！
・年金の加入期間、受給資格者等の説明
・年金の請求に関する書類を依頼人の皆様に代わって作成
・行政機関への請求書提出

少子高齢化時代を迎え、国民の間で年金に対する不安がかつてないほど高まっています。こうした状況の中、年金に関しては企業の顧問的な役割を果たしながら実務を提供することの多かった社会保険労務士ですが、今後は国民ひとりひとりに対して直接、相談や代行といったサービスを提供する機会が増えることが予測されます。

年金は、個人が加入している年金の種類や期間などにより支給額が異なる上に、法改正や制度自体の変更などにより、見込み支給額が増減することもありえます。社会保険労務士は、こうした年金のしくみや受給資格などについて熟知しています。どんな年金が、いつから、どのくらいもらえるのか。年金をもらうためにはどのような手続が必要なのか。いろいろなご質問にお答えし、ご相談に乗ります。また、年金をもらうための手続をお手伝いします。

3、労働社会保険手続の代行

会社の雑務を減らします

こんな問題を解決します!

- **労働社会保険の手続き**
- **労働保険の年度更新**
- **社会保険の算定基礎届け**
- **各種助成金の申請**
- **給与計算、労働者名簿・賃金台帳の調整**

労働社会保険関係の手続や給与等の計算、手続は手間がかかり、非常に複雑なので企業にとっては大きな負担のひとつです。

しかも、年度更新を怠ったり、保険料を滞納したりすると、経営者が追徴金や延滞金を徴収されることになり、小さいと思っていたミスによって大きな損害を被ることになりかねません。

専門的な知識を持った社会保険労務士は、このような労働社会保険手続をすばやく正確に行います。

（出典：全国社会保険労務士会連合会）

掲載事業所一覧

弁護士編

アクシア法律事務所――所長 弁護士 山田 亮治

〒460－0002 愛知県名古屋市中区丸の内3－20－2 第17KTビル801号
TEL 052－955－3151 FAX 052－955－3152
E-mail ryoji@jupiter.ocn.ne.jp URL **http://axia-law.jp/**

岩﨑雅己法律事務所――所長 弁護士 岩﨑 雅己

〒530－0047 大阪府大阪市北区西天満5－9－3 アールビル本館4階
TEL 06－6365－7175 FAX 06－6365－7165
E-mail otoiawase@iwasaki-law.jp URL **http://www.iwasaki-law.jp/**

昇陽法律事務所――弁護士 西村 隆志 弁護士 中弘 剛 弁護士 山岡 慎二

〒530－0047 大阪府大阪市北区西天満2－6－8 堂島ビルヂング501号室
TEL 06－6367－5454 FAX 06－6367－5455
E-mail info@shoyo-law.jp URL **http://www.shoyo-law.jp/**

森岡・山本・韓法律事務所――弁護士 韓 雅之（はん・まさゆき）

〒530－0003 大阪府大阪市北区堂島1－1－25 新山本ビル9階
TEL 06－6455－1900 FAX 06－6455－1940
E-mail han@myh-law.com URL **http://www.myh-law.com**

山田総合法律事務所――弁護士 山田 長正

〒530－0055 大阪府大阪市北区野崎町6－7 大阪北野ビル3階
TEL 06－6362－4132
E-mail nagamasa.yamadasogo@fuga.ocn.ne.jp URL **http://www.yamadasogo.jp/**

ルート法律事務所――弁護士 坂本 勝也 弁護士 高山 智行
弁護士 松井 良太 弁護士 安達 友基子

〒530－0047 大阪府大阪市北区西天満3－14－16 西天満パークビル3号館2階
TEL 06－6311－0065 FAX 06－6311－0075
事務所URL **http://route-law.jp/**
企業再生URL **http://www.kigyousaisei-osaka.com/**

税理士・公認会計士編

加藤英司税理士事務所／イーケートラスト株式会社――所長 税理士 加藤 英司

〒465－0005 愛知県名古屋市名東区香流1丁目324番地
TEL・FAX 052－778－0501 携帯 080－3398－8307

鈴江総合会計事務所――所長 税理士・公認会計士・中小企業診断士 鈴江 武

〒541－0046 大阪府大阪市中央区平野町1－8－13 平野町八千代ビル
TEL 06－4963－3792
E-mail suzue@suzueoffice.com URL **http://www.suzueoffice.com**

鈴木一正公認会計士税理士事務所／株式会社ファミリーオフィス
――所長 公認会計士・税理士 鈴木 一正

〒567－0884 大阪府茨木市新庄町10－6－403号
TEL・FAX 072－601－4208
E-mail info@familyoffice-consulting.co.jp
URL **http://www.familyoffice-consulting.co.jp**

埇田（そねだ）税理士事務所――所長 税理士 埇田（そねだ）弘之

〒631－0036 奈良県奈良市学園北1－1－12 和幸ビル3階
TEL 0742－93－9351 FAX 0742－93－9352
E-mail soneda-hiroyuki@tkcnf.or.jp URL **http://www.soneda-tax.com/**

宮﨑税理士・行政書士事務所――所長 税理士 宮﨑 浩記

〒540－0012 大阪府大阪市中央区谷町1－3－19 マルマスビル4階
TEL 06－6920－3939 FAX 06－6920－3977
E-mail info@miyazaki-tax.com URL **http://miyazaki-tax.com**
一般社団法人相続支援センター
住所（同上）、E-mail info@souzoku-shien.org
TEL 06－6941－7830（なやみゼロ） URL **http://www.souzoku-shien.org**

よねづ税理士事務所――所長 税理士 米津 晋次

〒458－0924 愛知県名古屋市緑区有松1021 第2福岡ビル1B
TEL 052－621－6663 FAX 052－621－6669
〒458－0824 愛知県名古屋市緑区鳴海町有松裏200 ウィンハート有松3階
（2012年7月1日に移転）
E-mail info@yonezu.net URL **http://www.yonezu.net/**

社会保険労務士編

I・C・Eマネージメント――社会保険労務士 石嶋 琢巳

〒459－8001 愛知県名古屋市緑区大高町鶴田176 タウンコート裕 B－101号
TEL 052－621－5154 携帯 090－1629－6922
E-mail ishijima@ice-m.jp
事務所 URL **http://ice-m.jp**
年金労働.com URL **http://nenkin-roudou.com**

太田経営労務研究所――所長 特定社会保険労務士 太田 隆充

〒462－0844 愛知県名古屋市北区清水4－15－1 日宝黒川ビル5階
TEL 052－912－6811 FAX 052－912－6812
E-mail info@ota-rouken.jp URL **http://www.ota-rouken.jp**

オフィス西岡――所長 特定社会保険労務士 西岡 三也子

〒545－0035 大阪府大阪市阿倍野区北畠3丁目
TEL 06－6651－7921
E-mail office-nishioka@cat.plala.or.jp URL **http://www.officenishioka.biz**

川端経営労務事務所――所長 社会保険労務士 川端 努

〒540－0012 大阪府大阪市中央区谷町2－7－6 みのるビル5階
TEL 06－6945－5518 FAX 06－6945－5087
E-mail t-kawabata@roumu-support.com URL **http://www.roumu-support.com**
メルマガ 忙しい中小企業経営者のための『ざっくり』知ろう！労働法
URL **http://www.mag2.com/m/0001090720.htm**

社会保険労務士法人 中小企業サポートセンター
――所長 特定社会保険労務士 宮本 宗浩

お客様専用フリーダイヤル（携帯PHSからも可能） ０１２０－０２３－４４２
東京事務所 〒140－0004 東京都品川区南品川6－18－29
TEL 03－5963－6113 FAX 03－5963－6114
大阪事務所 〒558－0013 大阪府大阪市住吉区我孫子東2－3－3
TEL 06－6609－5522 FAX 06－6609－5513
E-mail csc-info@roumu-jinji.co.jp URL **http://roumu-jinji.co.jp/**
（オフィシャルサイト）
URL **http://smart-roumu.com**
（残業代・賃金・有給休暇「そんなに払っていいんですか？」専用サイト）

富田労務管理事務所――所長 特定社会保険労務士 富田 隆

〒551－0001 大阪府大阪市大正区三軒家西1－17－2 大正駅前サンコービル2階
TEL 06－6599－8934 FAX 06－6599－8937
E-mail info@tomita-pmo.net URL **http://tomita-pmo.net/**

おわりに

現代社会はストレス社会、トラブル社会とも言われます。暮らしやビジネスでますます高度複雑化する社会メカニズムは、会社経営やビジネスで、職場で、地域社会であるいは学校で、家庭でさまざまな軋轢や摩擦、不協和音を生じ、年を追ってそれは増幅されているかのようです。体の具合が悪ければ、私たちは医者の世話になります。それでは商売や企業経営、ビジネス一般でのトラブルや支障が生じた場合はどこを訪ね、誰に相談すればいいのでしょうか。

こうした身近なニーズにこたえる手近なガイダンスとして「頼れる士業プロフェッショナル企業を支えるビジネスドクター」の出版を企画しました。

本書では、主として企業経営者を対象に〝町のビジネスドクター〟として、さまざまな債権債務をめぐるトラブルや人事・労務問題、相続や事業承継、破産や整理、債権回収、雇用・就労に関する多様な問題の解決、あるいは未然防止に向けて日夜奮闘している弁護士、公認会計士、税理士、社会保険労務士の専門家の皆さんに取材し、熱情溢れる仕事の一端を紹介しました。

一般に士業の事務所は敷居が高く、かつては近寄りがたいイメージがありましたが、本書に登場する士業の皆さんは、非常に開放的で地域の親しまれる、頼りになるプロフェッショナルとして大きな信頼を集めています。

本格的な訴訟社会が到来していますが、本書を手にする幅広い経営者、事業家の皆さんが頼れる町のビジネスドクターとのよき出会いになれば幸いです。

平成二十四年五月

産経新聞生活情報センター

士業《さむらい》シリーズⅠ「―頼《たよ》れる士業《さむらいぎょう》プロフェッショナル―」
企業《きぎょう》を支《ささ》えるビジネスドクター

発行日	平成24年6月15日　初版第一刷発行
発　行	株式会社ぎょうけい新聞社 〒531-0071 大阪市北区中津1丁目11-8 中津旭ビル3F Tel. 06-4802-1080　Fax. 06-4802-1082
企　画	産経新聞生活情報センター
発　売	図書出版 浪速社 〒540-0037　大阪市中央区内平野町2丁目2-7 Tel. 06-6942-5032(代)　Fax. 06-6943-1346
印刷・製本	株式会社 日報印刷

ISBN978-4-88854-465-8